德 國
Germany

Národní park
České Švýcarsko

Liberec

Ústí nad Labem

Liberecký kraj

Ústecký kraj

卡羅維瓦利
Karlovy Vary

Středočeský kraj

Karlovarský kraj

布拉格🏛
Praha

庫納荷拉鎮
Kutná Hor

卡爾修坦城堡
Karlštejn

皮爾森●
Plzeň

克諾皮許德宮殿
Konopiště

Plzeňský kraj

Budějovický kraj

捷克百威市
České Budějovi

荷拉休維采🏛
Holašovice

Národní park Šumava

捷克克倫洛夫
Český Krumlov

奧地利
Austria

捷克共和國文化遺產與國家公園

國家公園
世界文化遺產
各省分首府
市郊景點

波 蘭
Poland

Krkonošský
národní park

Hradec Králové
Královéhradecký kraj

Pardubice
Pardubický kraj
利托米什爾
Litomyšl

Moravskoslezský kraj
Ostrava

Žďár nad
Sázavou

Olomoucký kraj

奧洛穆茨
Olomouc

Kraj Vysočina
Jihlava

布爾諾
Brno

Zlínský kraj

特洛比奇
特奇 Telč    Třebíč

克羅梅日什
Kroměřiž
Zlín

Jihomoravský kraj
Národní park Podyjí

雷德尼采—瓦爾季采
Lednice-Valtice

斯洛伐克
Slovakia

# 個人旅行主張

有人在旅行中享受人生，
有人在進修中順便旅行。
有人隻身前往去認識更多的朋友，
有人跟團出國然後脫隊尋找個人的路線。
有人堅持不重複去玩過的地點，
有人每次出國都去同一個地方。
有人出發前計畫周詳，
有人是去了再說。
這就是面貌多樣的個人旅行。

不論你的選擇是什麼，
一本豐富而實用的旅遊隨身書，
可以讓你的夢想實現，
讓你的度假或出走留下飽滿的回憶。

*有行動力的旅行，從太雅出版社開始。*

太雅

個人旅行 *107*

# 捷克・布拉格

### 附波西米亞、摩拉維亞19個城鎮

## Czech・Prague

文字・攝影 ◎ 張雯惠 Christy

太雅

個人旅行 *107*

# 捷克・布拉格

## 附波西米亞、摩拉維亞19個城鎮

## 【目錄】

## 16 【風情掠影】O České republice

## 44 【分區導覽】

### 波西米亞之心──布拉格Srdce Čech - Praha

## 波西米亞O Čechy

## 摩拉維亞Morava

## 旅遊黃頁簿

## 作者序

一股衝動與勇氣，再加上一點點的幸運，我就和捷克結下了不解之緣。曾經在布拉格的學生生活是充滿單純、新鮮與活力的；決定留下來找工作追求夢想後的生活，曾一度覺得孤獨與失落。但每當出門看著這片美景與新發現，就又燃起新希望與堅持下去的初衷。後來因為家庭和工作旅居到其他各國，卻怎麼也不減少我對布拉格的思念，就好像卡夫卡說的「布拉格像個有利爪的母親，你怎麼也掙脫不了。」

最終我還是逃不出布拉格的手掌心，再次回到捷克的心情是充滿期待與喜悅，再次探索捷克的心情是充滿懷念與驚喜，尤其布拉格的美是變化萬千而不厭倦的。我希望將捷克的美透過此書與大家分享，讓大眾對捷克的好奇與誤解找到出口。而全書我親自走過拍攝，不引用任何照片的用心，希望你們也能感受到。

在此，我要將此書獻給永遠支持我的父親，你給了我人生第一個捷克克朗，開啟我旅程的第一步，讓我無後顧之憂的完成夢想，我永遠愛你。謝謝高嵩明大哥的《捷克經典》啟發我對捷克的憧憬與好奇。感謝當初高教授、袁教授的推薦教誨與謝老師的鼓勵幫忙，讓我才有在布拉格念書與順利完成電機碩士的機會。給曾經與我同甘共苦的布拉格幫(Heidi、Ariel、Maggie、Adrian、Athena、Sherlock、Nelson、Stella、Ray、Camille等)和親愛的摯友們(Ailsa Sun、美智、佑粽、雯娟、肯宜、宜臻等)，謝謝你們一路相挺。最後感謝Hruškovi家人讓我感受到滿滿的愛與關懷，讓我覺得在布拉格不只是個過客而是個家。

## 關於作者　　張雯惠Christy Hrušková

從學生到工作長年定居布拉格，又由於家庭關係旅居多個歐洲國家，但最後鍾情於布拉格。空餘時間蒐藏並探索許多捷克私房景點，幫助許多華人解決相關旅遊問題。個人微博也受到捷克官方旅遊局關注，更是首位在臉書上建立中文版布拉格旅遊的版主。

臉書粉絲團：「Prague, Na Zdraví 布拉格，乾杯吧。」

# 推薦序

我們現在稱之為「捷克共和國」的地方，包含了稱為「波西米亞」、「摩拉維亞」以及「石雷茨科」等三個地區，居民主要以西斯拉夫人為主，但是在地緣上與日耳曼人接壤的關係，所以在文化、語言等方面也都明顯地呈現出過度性與多元化。

捷克近代音樂大師史梅塔納《我的祖國》交響詩，和德弗扎克的《來自新世界》交響曲，更是全球所熟悉的旋律。皮爾森釀酒廠在1842年所掀起的「啤酒革命」讓我們今日得以暢飲清澈芬芳的「黃金啤酒」。卡夫卡、哈謝克、恰佩克、塞佛爾特、赫拉巴爾等文壇大師們，給了我們體驗捷克文學的絕佳機會！

慕夏所代表的新藝術風格席捲了全球的裝飾藝術，更融入了我們目光可及的日常家居生活當中！布拉格這座城市被稱譽為「活的建築博物館」絕非偶然，更待您親自造訪一趟方知所言不假！

雯惠旅居捷克多年，她以田野調查的精神，親自走訪大城小鎮，又不吝將這些寶貴的進階版私房景點資訊分享給國人。更貼心地以天數列出好幾種旅遊路線與主題，搭配精心繪製的地圖以及交通資訊，使得這本書詳實又好用。有幸接觸到本書的讀者，也能跟隨作者的腳蹤多多走訪捷克！

我以多年規畫深度文化之旅的經驗，誠摯地向國人推薦雯惠的這本大作，更衷心地期盼它能夠讓更多的國人得以深入地了解，「捷克」這一位善良又美麗的地球村夥伴！

高嵩明

首位榮獲捷克共和國「國家之友獎」殊榮的台灣人

台中市活力文化咖啡館館長

# 如何使用本書

本書精采單元:風情掠影、行程規劃、重點城市導覽、逛街購物、特色美食、住宿情報、旅遊黃頁簿,以及深度報導,一網打盡個人旅遊所需。

## 先作功課的:

【風情掠影】描繪捷克生活的各個面相,從歷史、知識、生活、習俗、文化、節慶、美食、世界遺產分項提供解說。

【捷克旅遊黃頁簿】透過此單元研擬出發的相關旅遊訊息。

## 邊走邊看的:

【熱門景點】詳盡介紹布拉格、波西米亞、摩拉維亞等各地的重要熱門景點,讓讀者可以邊走邊玩,隨時發現旅遊驚奇。

【獨家推薦】藉由作者長年旅居捷克的經驗,發現獨家推薦景點,讓遊客們可以看到與旅行社所介紹不一樣的捷克。

【旅行小抄】【玩家交流】【知識充電站】透過作者個人的眼光,提出專屬資訊參考,增加讀者對當地特色的認知。

## 需要時查詢的:

【特色餐飲】【住宿推薦】透過推薦的餐飲住宿地點,遊客可暢享捷克知名的啤酒與當地美食,在小而精緻的旅館休憩身心。

【全書地圖目錄】列出全書地圖所在頁碼,協助讀者快速尋找相關地圖。

└─ 各大單元開版‧索引小目錄

└─ 分區導覽  └─ 熱門景點

購物指南

玩家交流

深度特寫

## 編輯室提醒

### 出發前，請記得利用書上提供的data再一次確認

每一個城市都是有生命的，會隨著時間不斷成長，「改變」於是成為不可避免的常態，雖然本書的作者與編輯已經盡力，讓書中呈現最新最完整的資訊，但是，我們仍要提醒本書的讀者，必要的時候，請多利用書中的電話及網站，再次確認相關訊息。

### 資訊不代表對服務品質的背書

本書作者所提供的飯店、餐廳、商店等等資訊，是作者個人經歷或採訪獲得的資訊，本書作者盡力介紹有特色與價值的旅遊資訊，但是過去有讀者因為店家或機構服務態度不佳，而產生對作者的誤解。敝社申明，「服務」是一種「人為」，作者無法為所有服務生或任何機構的職員背書他們的品行，甚或是費用與服務內容也會隨時間調動，所以，因時因地因人，可能會與作者的體會不同，這也是旅行的特質。請讀者培養電話確認與查詢細節的習慣，來保護自己的權益。

### 謝謝眾多讀者的來信

過去太雅旅遊書，透過非常多讀者的來信，得知更多的資訊，甚至幫忙修訂，非常感謝你們幫忙的熱心與愛好旅遊的熱情。歡迎讀者將你所知道的變動後訊息，提供給太雅旅行作家俱樂部 taiya@morningstar.com.tw

· 全書幣值以捷克克朗為單位。
· 捷克境內各種票價及開放時間每年均會略有異動，本書已盡力更新最新資訊，但是要提醒者，購票前請先留意當地最新公布訊息，再行購買。

---

## 本書使用圖例

### 內文資訊符號

| | |
|---|---|
| 🖂 住址 | ➡ 如何到達 |
| 📞 電話 | http 網址 |
| 🕐 營業時間 | |
| 💲 票價 | |

### 地圖資訊符號

| | | |
|---|---|---|
| 📷 景點 | 🏯 橋樑 | 🚌 巴士 |
| 🏬 購物 | Ⓜ 地鐵·捷運 | 🏛 文化遺產 |
| 🍴 餐廳 | 🚊 鐵路·電車 | 🌲 國家公園 |
| 🛏 旅館 | 🚠 纜車 | |

# 看懂捷克標誌

很遺憾，在捷克所有路牌與標示幾乎都是以捷克文說明，少部分有英文。但只要拿著本書，所有景點都附上捷文對照，讓旅行方便許多，以下為捷克常見的標誌。

## 注意！輕軌電車

依捷克法律，輕軌電車第一優先行走，第二是路人，最後才是其他車輛。看到輕軌電車(POZOR TRAM)時，請留意左右輕軌，此外，捷克車輛都會禮讓行人通行，非常友善。穿越路面如無交通號誌，請按等待按鈕。

## 博愛座

大眾交通工具上有優先博愛座，圖上數字表示博愛座位數量。

## P或0

臺灣的1樓，在捷克都是以0樓或是P (捷文Přízemí)表示。

## 街名

在捷克，街名不會標示在住家門牌上，而是在每個街角或是交叉口才會標示城市區域、路名。

## 門牌號

每個住家門牌都有2個號碼，紅色牌子寫著房屋區域與註冊號，藍色則為此條街上的門牌號。

## 旅客服務中心

i為旅客服務中心標示，咖啡色路牌則指明各地點的方向。

## 地鐵標示

地鐵入口會以顏色來標示地鐵線，如各一半顏色則為兩線轉乘站。

## 出口與方向

出口標示Výstup，方向標示Směr，轉乘標示為Přestup。

# 捷克
# 風情掠影

## O České Republice

不管你是什麼原因來到捷克共和國，我想這裡絕對可以滿足你且顛覆你的想像。想和朋友一起輕旅行？逍遙夜店？挑戰高空極限？布拉格都能滿足你。

想要濃情密意的蜜月之旅？那絕對不能錯過有歐洲最美小鎮之稱的波西米亞小鎮！

想喝最道地的甘純啤酒嗎？皮爾森市和百威市不會讓你失望！

冬季雪白的國度讓捷克有另外一種風情，多座溫泉迴廊小鎮，讓你感受一絲絲的溫暖。捷克共和國就如同新藝術大師慕夏(Alfons Mucha)的作品《四季》，在每一個時刻展現出不同的風采，不僅物美價廉，且充滿著文化與歷史悸動，讓在這的每一刻尤其難忘，趕快著手準備吧！

# 得天獨厚的多元國度

## 關於捷克

　　捷克共和國(Česká republika)面積約為臺灣的2倍，共78,866平方公里，典型內陸國家四面不環海，人口約臺灣的一半共1,050萬人，主要為捷克人，首都為布拉格，官方語言屬斯拉夫語系的捷克文。

　　雖於2004年加入歐盟，但是目前依然使用捷克克朗(CZK)或Kč，氣候是內陸型氣候，主要河流伏爾塔瓦河(Vltava)貫穿內陸，行政區劃分為13個省區加上首都布拉格。除了擁有得天獨厚的文化涵養與歷史景觀，重機械工業也是其經濟很重要的一部分，國內的Škoda工廠是捷克自產外銷的龍頭企業，包含汽車、輕軌電車、火車等都大受好評。而特有的啤酒文化也是捷克人不可或缺的一部分。

　　捷克人個性外冷內熱，敬老尊賢，以捷克文與陌生人溝通時一定多數使用敬語，由於對噪音忍受度低，所以大部分的公共場合喜歡保持寧靜、適合閱讀的氛圍。

## 生活態度

　　捷克人除了在市區有住處外，週末時喜歡全家大小帶著寵物到外出遊或是前往自家度假小屋享受片刻寧靜。捷克人非常喜愛寵物，街上亦無流浪貓狗出沒，且因非常注重古蹟維護，古蹟區不得隨意拆除或是新建房舍，高度也有所限制。

## 休閒育樂

捷克人喜歡運動與貼近大自然，網、排、壁球、腳踏車等運動都頗受大眾歡迎。每年多數的路跑活動與船舟賽也都吸引許多國際好手參與。夏季假日躺在草地上休憩與閱讀、參加市集的人也不在少數；號稱國球的冰上曲棍球賽總是吸引大批民眾前往狂歡加油。此外家家戶戶在蘑菇季必會帶兒童前往採摘與辨識各種蘑菇，或是進行園藝活動。

## 復活節傳統

捷克男人會手持綁有緞帶的柳鞭，以象徵式鞭打女人，此舉會帶來女人一年的美麗與健康，女生也會以彩蛋回送男方，此外也會有小羔羊造型的蛋糕，因小羔羊象徵新生命。

復活節彩蛋

復活節市集　　　傳統柳鞭

## 聖誕節與新年傳統

聖誕節假期會與家人團聚，並享用獨有的鯉魚大餐，由於不靠海，所以以人工淡水養殖方式做炸鯉魚排或是湯品配上馬鈴薯沙拉，加上自製的傳統甜點，一起暢飲啤酒與拜訪親友，都是捷克的傳統。新年第一天除前晚與親友狂歡外，餐桌上會準備扁豆湯或是扁豆泥(Čočka)配上豬肉片來象徵新一年帶來財富。

傳統甜點麵包

耶誕市集

炸鯉魚配上馬鈴薯沙拉

# 跨越歷史的軌跡

公元前5世紀時，捷克已經有波伊人(Boii)居住此地，而開始稱作波西米亞，直到後來日耳曼、匈牙利人入侵，到最後7世紀被斯拉夫人占據，成為今日的斯拉夫系人種。

893～1306年的Přemysl王朝是捷克最早創建的王朝，根據傳說，是由Libuš公主預見將會遇到農夫之子Přemysl且共創一個偉大的城市，它的榮耀可以達到天上的繁星，而且預知此城市將建在伏爾塔瓦河沿岸的峭壁上，後來此預言成真，且河旁的峭壁上有個男人正在興建房屋的門檻(Prah)，從此奠定

了布拉格(Praha)高堡區的地位而開創Přemysl王朝。但由於宗教的混亂不堪與鬥爭，導致此王朝於1306年後繼無人而衰退終結。

1310～1378年，由於盧森堡登上波西米亞王座並與德意志帝國合併，他的兒子查理四世即位成為神聖羅馬帝國的國王，造就波西米亞的黃金繁華時期，成立了布拉格大主教區，查理大學也在此時期興建許多建設。

1415～1434年國內爆發了嚴重的內戰，事發起因於查理大學的校長楊・胡斯(Jan Hus)因推行新教而

O České republice

布拉格高堡區Libuš公主與其夫雕像

查理大學卡羅麗娜學院

被處火刑，此舉點燃了支持他的教徒發起胡斯運動。1555年哈布斯堡君主簽署奧格斯堡宗教和約，授與波西米亞人宗教自由，以繼續維持統治，促使新教勢力勃興。1576～1612年，在位的魯道夫二世再次將神聖羅馬帝國設在布拉格，也因其熱衷藝術與占星，所以吸引許多學者、藝術家前往布拉格，造就第二個黃金時期。

1618年斐迪南二世因強制推行天主教派，造成新教徒將2名官員從布拉格城堡窗戶丟出去，引發了反對派與改革派的30年戰爭。1620年在城外不遠的白山戰役中捷克軍戰敗，27名新教徒在老城廣場被處死，而後神聖羅馬帝國將宮廷遷往維也納，布拉格進入蕭條時期。1806年神聖羅馬帝國結束。

在30年戰爭結束後，巴洛克文化在捷克開始發酵，影響了捷克城市及農村的建築風格達數世紀之久。封建制度的危機和國家的經濟利益，導致18世紀後半發生改革，但不久便提出了政治解放的要求。

1848年捷克政治家們第一次一致提議恢復封建主義制度，迅速發展的工業化使得捷克地區到19世紀後半成為帝國內經濟最發達的地區，這更加強了捷克民族解放的願望。

1918年第一次世界大戰結束，奧匈帝國瓦解、波西米亞獨立，與捷克關係密切的斯洛伐克於1918年10月28日合併為捷克斯洛伐克共和國。但好景不長，在1938年英、法、德、義的慕尼黑協定中，為避免戰爭而把捷克出賣給納粹，1939年3月捷克全境被希特勒占領，1945年蘇聯對東歐發動反攻，1948年2月捷克斯洛伐克共產黨開始一黨執政，1968年發生要求民主變革的布拉格之春，引起國際的支持與批判蘇聯。

直到1989年隨著蘇聯的解體結束了蘇聯的統治，但也因為民主化的抬頭，造成捷、斯兩地經濟差距拉大，產生民族的矛盾，所以1993年公投和平分為2個獨立國家，捷克最終實現民主變革，從1989這段時期到後期史稱天鵝絨革命，亦稱絲絨革命。捷克也於1999年加入北約組織、2004年加入歐盟國，2007年加入申根國之一。

新市政廳為當年被丟出窗外的官員遺跡

紀念布拉格之春

# 破解十大迷思

長久以來，因對捷克的不熟悉，使得舊有的資訊產生許多誤解，希望藉由本書，讓大家重新認識捷克，也希望來旅遊的大家千萬別再有錯誤的資訊。

### 迷思 1 捷克是歐盟國、申根國、歐元區嗎？

捷克在2004年加入歐盟會員國，2007年加入申根會員國，但是目前依然使用捷克克朗，未使用歐元。

### 迷思 2 捷克是東歐國家？

捷克在地理位置上是屬於歐洲正中心的中歐國家，南邊緊鄰奧地利與斯洛伐克，從西邊到北邊緊鄰德國，東到東北邊緊鄰波蘭。

### 迷思 3 捷克的治安是不是很差？

捷克的重大刑案其實不多，大致上來說治安良好，但布拉格是旅遊大城，雖不會當街行搶，但難免有扒手與騙子，請務必注意隨身的貴重物品。相較巴黎、羅馬、巴塞隆納等，捷克警察每年都有效的打擊犯罪，且布拉格的重要景點都會有警察巡邏站崗，請不用過於擔心。

### 迷思 4 捷克人？波西米亞人？吉普賽人？

波西米亞只是捷克的一個區域，也並非吉普賽人的代名詞，歷史上並無記載捷克人等於吉普賽人，只是多半外來的吉普賽人不務正業，拖垮了捷克人的名聲與經濟，所以請不要混淆。

### 迷思 5 捷克人都非常熱情浪漫？

如果你認為浪漫的布拉格帶給你無限的幻想，那你就要失望了，外冷內熱的個性是捷克人非常好的寫照，或許是共產專制的過去，使得捷克人對於情緒的表達稍嫌內斂，但是年輕的一輩與熟識的朋友，在與他們幾杯啤酒下肚後就會發現他們的純樸與熱情，畢竟在非英語系國家，在溝通上還是需要一段時間好好了解他們的。

##  迷思6 捷克物價很高嗎？

很開心的告訴你，擁有美麗豐富的歷史文化與風景的捷克，相較於其他中歐國家，物價不算昂貴且物超所值，甚至小鎮的物價比臺北還低，是個適合前往旅遊的歐洲勝地。

##  迷思7 捷克是共產國家？

從柏林圍牆倒塌的同年1989年，捷克斯洛伐克共和國也推翻共產專制的蘇聯，並在1993年分別和平成立捷克、斯洛伐克2個自由國家。

##  迷思8 俄羅斯娃娃是在地的紀念品？

我一定要在此聲明「來到捷克千萬不要買俄羅斯娃娃」，為什麼要說這個說呢？買了俄羅斯娃娃就像你到了日本旅遊卻買了中國名產一樣奇怪。一來此地非俄羅斯，加上歷史的因素，為何要在捷克人過往的記憶中再添一刀呢？二來俄羅斯娃娃品質參差不齊，如果你想買到正宗的產品，煩請到俄羅斯去吧！如果你真的想促進捷克經濟，可多買捷克品牌與當地手工藝品，不要讓假貨水貨充斥路面商家。

##  迷思9 捷克和布拉格和波西米亞的關係？

捷克共和國簡稱捷克，是一個位在歐洲中心的國家，國家內共分為三大區塊為波西米亞、摩拉維亞、石雷茨科。首都為布拉格。

##  迷思10 捷克很窮？

捷克雖然不是大國家，但整體經濟穩定且已是開發國家。依照統計2014年7月全歐盟平均失業率為10.2%，最低為德奧約5%，捷克約為6.5%，整體表現良好，經濟水準接近義大利，加上本身使用克朗鼓勵出口與抑制通貨膨脹，所以大致上經濟穩定，相較於其他脫離蘇聯後的國家，算是快速成長的代表國之一。

# 享譽國際的捷克文化

## 啤酒文化

有趣的是捷克人有傳統的喝酒方式(翻拍自Fun Explosive明信片)

啤酒，對捷克人而言不僅是驕傲，更是生活與文化很重要的一部分。來到捷克而沒有品嘗捷克啤酒，就如同到了臺灣沒有喝過珍珠奶茶是一樣的道理。國際知名的皮爾森啤酒(Pilsner Urquell)與正宗的百威啤酒(Budějovický Budvar)都緣自於捷克，除此之外，捷克還有許多不計其數的啤酒廠與品牌，也造就境內許多風格特色的小酒館，前總統哈維爾(Václav Havel)有句名言指出：「我認為在酒館喝啤酒對捷克社會風氣有良好的影響，因為啤酒的酒精度比葡萄酒、伏特加或威士忌低，這樣人們在酒館談論政治時就不會太瘋狂。」

對當地人而言，最好的社交場合不外乎就是與三五好友上酒館談天說地，尋找生活解壓的一種方式。根據統計，世界平均啤酒消費量最大的國家不再是德國，從1997年起德國將這一寶座拱手讓給了年平均每人消費161.1升的捷克，並且連續7年位居世界榜首。

### 正宗百威啤酒
#### Budějovický Budvar

品名如同地名的百威啤酒於1895年在百威市České Budějovice發跡，出口到60多國家，口感比起皮爾森啤酒少了一分苦澀，以純正甘甜的口感贏得多數人的喜愛。因為與美國百威Budweiser商標與官司糾纏多年，截至2013年，在訴訟的124個案子中，已經贏得了89個訴訟，且歐盟區因為地理名稱保護法，也使捷克百威啤酒更加堅定其歷史地位。

## 皮爾森啤酒
### Pilsner Urquell

在13世紀時捷克的皮爾森市(Plzeň)已是眾所皆知的啤酒之鄉，其中又以1842年創立的皮爾森啤酒最為出色，除了為皮爾森啤酒代名詞，又有黃金啤酒的美名。沿用橡木桶發酵與儲存的製作方式，加上當地特殊水質和啤酒花打造出的啤酒，口感適中、滋味滑順可口，廣獲好評與無數國際大獎。

## Gambrinus啤酒

喜歡皮爾森但想嘗試不同度數的啤酒？可以試試看皮爾森集團旗下被譽為超人氣品牌的Gambrinus啤酒。它發跡於1869年，除了大家常見的口感外，Gambrinus Excellent 11°使用新型的焦糖麥芽製作出4.7%的啤酒，適合各年齡層。

## 山羊啤酒
### Kozel

如果你喜歡口感較甜的黑啤酒，一定不能錯過也是皮爾森集團旗下的山羊啤酒(Kozel)，從1874年開始生產暢銷38個國家，低濃度的酒精量也是廣受女生喜愛的原因。

## 老泉啤酒
### Staropramen

捷克第二大釀酒廠，來自布拉格的老泉啤酒於1869年發跡，其啤酒不只一種口味，包括檸檬、蘋果、紅石榴等，且配合糖尿病患者與未成年孩童設計了低糖與無酒精啤酒，由於特殊口味與趣味的行銷方式，深受捷克年輕人喜愛。

## Bernard啤酒

創立於1991年的年輕品牌，原是買下一個16世紀在Humpolec創立的破產釀酒廠，依循古法製作，在短時間之內已成功出口到26個國家並贏得176面獎牌。也有研發水果口味與無酒精口味。此外更結合SPA產業，不只讓你喝得到，還可以體驗啤酒浴。

# 捷克精湛工藝品牌

除了啤酒享譽國際之外，捷克工藝也是舉世聞名，像是汽車工業、水晶製品、鞋業、軍事機械、鋼琴、運動品牌等，在此介紹相關代表品牌。

## Baťa鞋

Baťa鞋創立於1894年，在全球70個國家銷售，並擁有多達26個跨國生產線。走的是大眾路線，品質好且皮件多為純牛皮製造。歐洲區銷售點多為義大利生產，每個國家的款式不太相同，但好穿耐用且價格親民，到打折季更是人手一袋。

## Škoda汽車

有百年歷史的汽車品牌Škoda，在英國連續13年進入客戶滿意度調查的前5名。其汽車銷售至世界多個國家，穩定度與耐用性深受消費者喜愛，除此之外，布拉格的新型電車也由Škoda集團合作設計打造，並且輸出至其他國家。目前Škoda汽車在臺灣由太古集團代理。

## Petrof鋼琴

創立於1864年的Petrof鋼琴目前為歐洲最大的鋼琴製造商，家族經營已延續到第五代，其中又以音樂會用的三角鋼琴最為著名，深受許多鋼琴家喜愛。

## Moser水晶玻璃

捷克水晶玻璃藝品的精湛技藝眾所皆知，其中又以Moser摩瑟水晶最具代表性，承襲百年歷史，每一件作品都展現完美的手工切割製造工藝，且掌握純度最高無鉛技術，所以品質晶瑩透徹，加上精緻的雕刻，成為尊貴華麗高品質的象徵，使得英國伊莉莎白二世、挪威國王哈康七世等政商名流都指定使用，目前臺灣也有代理進口。

## Tescoma廚具

這個來自捷克、成立於1992年的廚具品牌，靠著不銹鋼的餐具結合創意設計奪得許多獎項，加上價格尊貴不貴，因此行銷到全世界各地。

# 新奇有趣的重要節慶

　　捷克四季慶典極其豐富，從春天布拉格之春音樂季、復活節、美食展；夏天的博物館城堡之夜、戲劇節和傳統民俗活動；到秋天的國慶、信號燈光節與葡萄酒產季都非常受歡迎。而冬天除了賞雪外，列入世界非物質文化遺產的捷克狂歡節或是童話般溫馨的聖誕節，都是全世界旅客的最愛。

**1月**　1/1新年、Hamry古波西米亞狂歡節、Veselý Kopec狂歡節

**2月**　布拉格嘉年華，克倫洛夫狂歡節

**3月**　皮爾森古典音樂季、布爾諾爵士音樂季、布拉格春季戶外遊樂園

**4月**　復活節，女巫焚燒(矮靈祭)、Olomouc花展

**5月**　5/1勞工節、5/8解放紀念日、布拉格教堂之夜、布拉格之春音樂季、布拉格啤酒節、布拉格城堡區美食展、布拉格馬拉松、布爾諾爵士音樂季、皮爾森解放活動、世界冰球錦標賽2015在捷克、布爾諾煙火節

**10**月 10/28捷克國慶日、布拉格爵士音樂季、布拉格燈光節、Olomouc國際管風琴樂節

**6**月 布拉格博物館之夜、布拉格莎士比亞戲劇節、利托米什爾史邁坦納音樂季、Strážnice民俗日(全歐洲最大最古老)

**11**月 11/17自由紀念日、法國電影節、聖誕市集

**7**月 7/6胡斯紀念日、卡羅維瓦利電影節,捷克克倫洛夫巴洛克慶典、捷克民俗慶典季、Třeboň淡水魚料理節

**8**月 摩拉維亞傳統民族慶典、捷克城堡之夜

**12**月 12/24～12/26聖誕節、聖尼古拉斯節、Olomouc動畫電影節、布拉格枕頭大戰

**9**月 9/28聖瓦茨拉夫紀念日、捷克葡萄酒市集慶典

# 大口品嘗捷克美食

　　捷克料理由於地緣的關係，所以料理菜色大多與德國、奧地利、匈牙利等國家相近，主菜多以肉類為主，搭配酸白菜、麵糰、馬鈴薯，如果配上一杯爽口的啤酒更可以襯托出獨特風味。部分餐廳更提供野味料理，如：兔肉、山羌、鹿肉等。近期許多餐廳也提供其他歐洲國家美食結合捷克傳統的創意料理。

　　另外捷克人喜歡餐餐配上短棍麵包，是由於過去蘇聯時期人民為了填飽肚子，所以習慣以麵包來取代高價的主食，但是隨著蘇聯瓦解後經濟起飛，一時間也變成一種飲食習慣了。值得注意的是，在捷克用餐通常服務生會先詢問喝點什麼，待飲品送上後再進行點餐。

## 湯品

### 牛肚湯 Dršťková polévka

這道源自於匈牙利的湯品在捷克也很受歡迎，將牛肚燉到入口即化， 配上辣椒等香料熬煮，喜歡濃郁湯頭的人可以嘗嘗。

**獨家推薦**

### 蒜頭湯 Česnečka

這是一道非常傳統的湯品，除了蒜頭之外會放上一層起士或是奶酪，加上雞蛋、碎香腸或是白酸菜，據捷克人說有暖腸胃的功能。

**獨家推薦**

### 洋蔥湯 Cibulová polévka

來自法國的洋蔥湯在中歐也是非常流行，濃濃的奶油味有時候會配上香腸或是蘑菇一起烹煮，也有部分店家以清湯的方式烹煮。

### 蘑菇湯 Houbová polévka

濃郁的奶油湯頭配上蘑菇做搭配，喜歡奶油口感的人可以試試看。

# 主菜

## 醃里肌肉 Svíčková

這是一道非常道地的捷克料理，使用燉軟的小牛里肌肉，加上乾麵糰與獨特的醬汁搭配小紅莓醬與酸奶油，嚐起來酸甜帶鹹非常獨特。

## 酸菜烤豬肉片 Vepřo-knedlo-zelo

用燻烤的豬肉片配上特製的酸白菜，加上馬鈴薯麵糰搭配肉汁，也是一道經典的料理。

## 燉牛肉 Guláš

這道來自匈牙利的主食在捷克也是極受歡迎。使用匈牙利辣椒熬煮燉牛肉，配上飯糰或馬鈴薯食用。

## 烤豬腳 Vepřové koleno

在德國、奧地利、捷克等國家，都會以不同的方式來做烤豬腳。在捷克多數的店家是以燉煮的方式料理，但是也有部分店家會以燒烤的方式處理，多數的亞洲人偏好燒烤味。

## 炸起士排 Smažený sýr

搭配特製的塔塔醬與馬鈴薯，或是炸薯條和彈牙不黏膩的炸起士，這道炸起士排很受捷克年輕人的歡迎，就連捷克的麥當勞都曾經推出炸起士堡。

獨家推薦

## 捷克烤鴨 Pečená kachna s červeným zelím

將鴨子放入烤箱烘烤，配上乾麵糰或是馬鈴薯與微甜的紅色捲心菜（紅甘藍），分量十足。

## 塔塔生牛肉 Tatarák

這道料理在歐洲各國各有不同料理方式，在捷克使用生碎牛肉，加上生雞蛋、黃芥末、匈牙利辣椒等多種香料，之後用生蒜頭塗刮在特製炸麵包上，抹上混好的生碎牛肉，但吃不出生牛肉的味道，非常推薦！

獨家推薦

## 其他主食

烤肋排　　　　　炸豬排

烤雞排　　　　　烤蔬菜

# 甜點

## 水果麵糰
### Ovocné Knedlíky

麵糰裡面包著果醬餡，灑上碎奶酪或是糖粉，再加上奶油，很適合在冬天食用。

## 小圓蛋糕
### Koláč

通常是將圓型的麵糰中間加上甜餡或是罌粟種子為主，有時候也會在各大鄉村節慶或是婚禮上吃到直徑較大的圓蛋糕。

## 捷克可麗餅 Palačinka

吃起來像是法式可麗餅，餅皮鬆軟，且做成捲條狀或是法式的方形，獲得各種年齡層的喜愛。

## 蘋果派 Jablečný závin

在中歐鄰近國家非常盛行的蘋果派，在捷克也是傳統家常點心之一，使用鬆軟扎實的蘋果粒配上肉桂粉，使用多層的麵皮烘烤，配上鮮奶油或冰淇淋，非常可口好吃。

## 蜂蜜蛋糕 Medovník

有別於亞洲綿密的蜂蜜蛋糕，捷克的蜂蜜蛋糕使用多層的蜂蜜與核果加上奶霜，配上一壺熱茶，是下午茶的絕佳選擇。

# 聖誕、新年限定食品

## 辮子聖誕蛋糕 Vánočky

外表像辮子形狀的聖誕蛋糕是由雞蛋、黃油與麵粉混合，加上葡萄乾與杏仁片一起烘烤而成。象徵耶穌聖嬰裹著布，臥在馬廄裡迎接新生活的到來。

## 聖誕鯉魚餐
### Vánoční kapr

聖誕節前夕到處都可看到販賣新鮮的養殖鯉魚，魚販們將活蹦亂跳的鯉魚當場宰殺處理，通常聖誕夜是使用炸鯉魚排或是鯉魚湯配上馬鈴薯沙拉當作耶誕晚餐。

## 國民小吃

### 麵包沙拉 Chlebíčky

常常可看到烘焙店裡許多五顏六色與多種麵包切片沙拉，最經典的是火腿蛋沙拉口味，不管是當作點心或是早餐都是不錯的選擇，深受捷克人喜愛。

### 炸圓餅 Langoš

任何節慶的小吃攤上幾乎都少不了炸圓餅，酥脆的炸圓餅有鹹味的蒜泥起士，或是甜味的 Nutella 榛果醬，滋味非常好。

### 甜圈捲 Trdelník

幾乎所有的節慶與攤販都少不了這種煙囪捲，這來自匈牙利的甜圈捲，卻是在捷克風行起來。用新鮮手工的捲麵糰，放上傳統的木製滾捲碳烤，配上肉桂粉與杏仁片，熱呼呼與香脆的口感深受大家喜愛。

### 馬鈴薯餅 Bramborák

酥脆軟嫩的馬鈴薯餅是使用麵粉、雞蛋、大蒜加上馬鈴薯片，有時候也會額外添加燻肉或白菜，是很適合帶著走的小吃。

### Kofola 捷克可樂

來到捷克一定要喝一下當地的可樂，加上冰塊與檸檬片是最好喝的組合，除了餐廳外各大超市都可以買到，不過反應很兩極，喝起來有點像黑松沙士，不會太甜。

### 聖誕甜點 Vánoční cukroví

聖誕甜點通常需要包括至少12種的小點心，有小薑餅，或是不同口味的萊姆酒巧克力、椰子球甜點等。大部分的捷克家庭都會親手烘烤餅乾來分送親友或是在聖誕節享用。

### 新年餐點 Čočka na kyselo

以小扁豆泥配上豬肉片與酸黃瓜，是非常簡單傳統的新年桌上餐點，祈求新的一年帶來財富。

# 宏偉壯麗的自然人文

從高空俯瞰捷克共和國，可以發現群山圍繞，雖然不靠海，卻有大片面積的湖泊與森林，蘊藏了令人嘆為觀止的地質天然景觀。捷克共和國擁有4個國家公園與25個自然保護區，此外還有12處列為世界文化遺產的瑰寶地與4項世界非物質文化遺產，值得好好花時間一一探索。

## 布拉格Praha

1992年，布拉格歷史中心被列入世界文化遺產，不僅因為從11到18世紀之間的古建築都保存完好，還有數不清的教堂宮殿，以及華麗典雅的遺跡結合各種建築風格，直到現在仍然保有波西米亞王國的世代風華。

## 庫納荷拉Kutná Hora

在此的聖芭芭拉大教堂費時500年完工，可以看到許多後哥德式與文藝復興的油畫，教堂內部也充滿與採礦相關的裝飾壁畫。而聖母瑪利亞教堂內部的玻璃窗與巴洛克哥德式教堂風格獨特，兩者皆於1995年被列為世界文化遺產。

O České republice

34

## 捷克克倫洛夫 Český Krumlov

　　這座小鎮的整個歷史中心於1992年列入世界文化遺產，一走進捷克克倫洛夫就如同掉入中古世紀的童話故事中，高聳宏偉的城堡全景，整個城鎮復古又浪漫、如詩如畫的文藝復興、哥德、巴洛克建築，且小鎮建築經過5世紀依然保持完好，被譽為全歐洲最美的小鎮之一，果然名不虛傳。

## 圖根哈特別墅
## Villa Tugendhat

　　位於布爾諾的圖根哈特別墅，到目前為止仍然被譽為世界上最重要的四大別墅之一，它的藝術與經典設計於2001年被列入世界文化遺產。

## 雷德尼采 - 瓦爾季采地區 Lednice-Valtice

　　占地300平方公里的雷德尼采–瓦爾季采地區是個適合全家大小踏青與騎腳踏車的好地方，沿途涵蓋無數的歷史古蹟與自然景觀，加上華麗浪漫的城堡與美麗的湖泊，是度假的首選地，也是整個歐洲最大的人工景觀之一。於1996年列入世界文化遺產中。

雷德尼采(Lednice)城堡

## 奧洛穆茨Olomouc

位於市中心，擁有重要歷史與藝術的三位一體紀念柱，不僅是全中歐地區最大無需支撐的巴洛克式雕像紀念柱，也是市民的精神支柱，已於2000年加入世界文化遺產中。

## 特奇Telč

於1992年列入世界文化遺產的特奇，是由許多可愛的彩色小房子拼湊而成的廣場，裡面有座新哥德式風格的浪漫城堡，一旁圍繞著小鎮的城池，有兼具防衛功能的城牆環繞，就像格林童話般夢幻多采。小鎮房屋最初為木製結構，但因14世紀末的一場大火後，改以石頭重建。

## 利托米什爾Litomyšl

此處的城堡承襲了文藝復興時期拱廊式城堡的建築風格，並包括18世紀增添的鼎盛巴洛克式晚期裝飾物，與拱廊風貌的貴族宅邸，以及其附屬建築都原封不動地保留了下來，於1999年列入世界文化遺產。

## Zelená hora 1994

以5為設計單位，特殊別緻的星型教堂，用以紀念聖約翰內波穆克。結合新哥德式與巴洛克式風格，是偉大的建築師布拉澤依·聖帝尼舉世聞名之作。於1994年列入世界文化遺產。

O České republice

# 克羅梅日什Kroměříž

此處的花園與城堡就像掉入伊甸園的故事裡，碩大如同迷宮般的花園讓人讚嘆，型態都保持良好的巴洛克式風格，於1998年列入世界文化遺產。

## 特洛比奇Třebíč

想知道猶太人的歷史與過去嗎？穿梭在這個小鎮的每一處，都會發現有關猶太歷史的回憶。此地於2003年列入世界文化遺產，這也是除了以色列以外被授予猶太遺址殊榮的地方。

# 荷拉休維采Holašovice

看似不起眼的小村落，誕生於西元800年間。經過一千多年的時間，依然保存著與年代同樣數量的建築，且持續維持著傳統生活，就像是一座活生生的開放博物館。於1998年列入世界文化遺產中。

 ## 世界非物質文化遺產

2005年註冊的維爾布克舞蹈，是捷克特有的傳統男子舞蹈，以雙腳輕跳、屈膝、旋轉的方式舞動，常在新兵入伍的時候表演。

2010年註冊的馴鷹活動，早期以受獨特訓練的老鷹表演如何獵捕食物，不過到20世紀後，主要用來驅趕機場附近的鳥群，捷克目前約有500位馴鷹師。

2010年註冊的Hlinecko地區嘉年華遊行，是每年2月舉辦，承襲百年傳統，村民們穿著傳統服飾與面具，載歌載舞問候各家，最後象徵性屠殺母馬，以比喻春天的到來。

2011年註冊的國王遊行活動，是來自基督教降臨節，有關來源不可考，以小男孩騎著白馬身著女裝，以絲帶遮面，嘴上含著玫瑰花瓣，穿著華麗的裝扮扮演國王，是源自匈牙利國王在1469年從捷克國王喬治統治下逃出的故事。

宏偉壯麗的自然人文

# 豐富多樣的購物選擇

來到捷克很難不被傳統工藝品與精巧可愛的玩偶給深深吸引,加上親民的價格與多樣化的產品,真的很難讓人顧好荷包!小鎮與布拉格有時候會有些許價差,但是仍然需要貨比三家,有時遇到觀光型的小鎮,價格也不見得便宜。如在布拉格旅遊,推薦可以在老城區的哈維爾市集(Havelské Tržiště)選購比價;食品方面,價格最划算的是大型連鎖超市Tesco。以下為作者推薦的幾款捷克當地製造且富有特色的紀念品。

## 冰爵酒Bechrovka與 苦艾酒Absinth

如果擔心啤酒太重,不方便帶回臺灣,那不妨試試酒精濃度高的捷克冰爵酒的小玻璃瓶裝與苦艾酒包裝,不僅特殊可愛且具有代表性,即使當作收藏也極具巧思。

## Manufaktura

與菠丹尼類似的新進品牌,近期在捷克快速展店,靠著啤酒與葡萄酒等酒類製品系列手工皂與沐浴用品,吸引了觀光客的喜愛。部分店家也販售捷克木製玩偶與傳統工藝品,推薦滋潤的護唇膏與啤酒皂為人氣商品。

## Koh-I-Noor鉛筆

來到捷克不買隻小刺蝟鉛筆帶回去,那真是太可惜了!刺蝟與長頸鹿造型搭配五顏六色的鉛筆,不管是送小朋友或是家用裝飾都非常特別且別具意義。如果是要自己使用,推薦可購買水彩色鉛筆,或是多色合一的彩色鉛筆,划算又別緻。

O České republice

## Bat'a鞋

在臺灣穿La New的鞋子就像是捷克人穿Bat'a一樣，在世界上有許多產線的Bat'a鞋子，多半為義大利、西班牙工廠製造，天然牛皮的鞋子與皮件加上親民的價格，深受當地人與觀光客喜愛，推薦冬天的雪靴防滑且保暖。位於布拉格瓦茨拉夫廣場的旗艦店樓上也有outlet供遊客選擇。

小提醒：不同店家的促銷活動都不盡相同，所以可多比較。

## 菠丹妮Botanicus

擁有上百頃有機花園的老品牌，打造出多樣天然的手工皂與精油香氛產品，臺灣已有代理，但由於價差大，所以總是吸引大批觀光客前往。目前在布拉格、捷克克倫洛夫、皮爾森、卡羅維瓦利都有店面。推薦精油與手工皂。但需注意由於玻璃罐裝只有軟木塞頭，建議要搭乘飛機的旅客還是購買PE瓶裝較不會漏出。

## 小鼴鼠妙妙Krteček

這是捷克的卡通，已行銷到世界各地並翻譯成多國語言，臺灣稱小鼴鼠。小鼴鼠與他的朋友鮮明可愛、積極樂觀、勇於冒險的形象，擄獲了孩子們的心，所以相關產品也在捷克非常出名，甚至在2011年的時候，由太空人Andrew Feustel帶著他捷克裔老婆給他的小鼴鼠登上太空船執行任務，而後推出太空人系列插畫。

## 提線木偶

在市集與店家都可以看到各種提線木偶，但是價格相差頗大，是因為手工製或機器製造的不同。一般純手工製造價格都需要上千克朗，但是獨一無二，大部分商家都會附上證書以資證明。如果是機器製造，你可以在老城區大部分的店家或是捷克最大的連鎖玩具店Sparkys找到。

## Papelote

這個新設計文品品牌創始於2010年，以環保紙張與許多相關課程與兒童公益活動，加上簡約活潑的設計，深受年輕人的喜愛，且百分之百捷克製造，喜歡筆記本或是紙製用品的朋友可以到市中心的店家一窺究竟。

## 水晶玻璃

有眾多大小品牌，價差在於做工與雕刻的精細度，其中以Moser擁有150多年的歷史，頂級奢華的水晶玻璃加上手工塑型與精湛雕刻且不添加矽，深受許多上流名人與皇室喜愛。位於布拉格Na příkopě上的Moser是第一家店面，內部依然保有原始的模樣與裝飾。

## 天文鐘

布拉格最知名的天文鐘也有推出木製手工鐘，如果想要買各種大小的天文鐘，可以到哈維爾的市集購買。請認明背面有Hand Made in Czech Republic的正版貨喔！

## 啤酒杯

陶製的啤酒杯加上外觀刻畫著捷克或是布拉格的風景，是值得當作擺設的紀念品。值得注意的是有無尖頭的瓶蓋，價格會有落差。

## 溫泉杯

溫泉杯只能在溫泉鎮買到，多樣造型的溫泉杯加上把手上的特殊飲用口，是非常具有捷克當地特色的紀念品。

## 寶仕奧沙Preciosa

也是深受大家歡迎的水晶玻璃製品，多樣化的設計和精美的吊燈款式，藉由上海世博捷克館的展出，在國際間打響了它的名號，也是近來遊客的最愛之一。

## 琥珀、紅榴石、捷克隕石

在捷克，琥珀與有紅寶石之別稱的紅榴石比臺灣還來得便宜，品質好且款式多樣多彩，所以吸引了大批人購買，有興趣的朋友不妨貨比三家。至於特別的捷克隕石由於數量稀少且價格偏高，因為產地在南波西米亞，觀光區不容易買得到，但號稱具有強大的隕石能量，所以也吸引許多人詢問。

## 小房子模型

捷克的房子充滿著五顏六色，一整排看起來浪漫可愛。想帶回家收藏嗎？可以在紀念品店或是查理大橋上買到小房子磁鐵或迷你版小屋子，都是手工製作。

## 茶包

Pickwick是深受當地捷克人歡迎的水果茶包，有眾多口味或是綜合包裝深受當地人喜愛。Dukát的蜂蜜茶(medový čaj)擁有濃純清香蜂蜜口味，非常好喝，是作者最喜歡的茶包之一。

## 超市小物

### 巧克力品牌

當地知名品牌有Orion、Studentská。或來自德國的RitterSport與奧地利的Milka，或是Tesco自有品牌都香醇濃厚。

## 溫泉餅(Opavia-oplatky Kolonada)

來自瑪莉安溫泉的溫泉餅才是最正宗的口味，Tesco的價格都比外面攤販來的便宜，尤其巧克力或榛果口味都非常受歡迎。另外，捷克自產的BeBe小熊迷你蛋糕與燕麥餅也深受捷克人喜愛。

## 其他

在臺灣貴鬆鬆的氣泡水與牛奶優格製品，在捷克都非常的便宜，氣泡水可以參考捷克品牌Mattoni或是Bonaqua的檸檬萊姆口味。

### 捷克可樂Kofola

這個便宜又受到當地人喜愛的Kofola，在某些酒吧亦可見到，喝起來類似黑松沙士，捷克人喜歡加上檸檬與冰塊一起享用。

# 捷克行程樂逍遙

　　從首都布拉格前往各城鎮之間非常方便，除了開車，火車也是相當不錯的選擇，兩人以上即為團體票，且沿途風光極美。巴士班次密集，抵達時間比火車快且便宜，缺點就是需要提前訂票，以及缺少沿途的優美風光。

　　旅遊布拉格至少需要3天的時間。鄰近的卡羅維瓦利(Karlovy Vary)、庫納荷拉(Kutná Hora)、皮爾森(Plzeň)、卡爾修坦城堡(Hrad Karlštejn)與克諾皮許德宮殿(Zámek Konopiště)都可當天往返。南波西米亞小鎮從布拉格前往需要3小時車程，通常需要待2個晚上，且大多以捷克百威市(České Budějovice)為轉運站前往其他鄰近小鎮。摩拉維亞區域都以布爾諾(Brno)或是奧洛穆茨(Olomouc)做轉運站，如果需要前往克羅梅日什(Kroměříž)或是雷德尼采−瓦爾季采(Lednice-Valtice)，至少需要停留3晚。

## 經典波西米亞15日遊

| 布拉格 | → | 卡爾修坦城堡 | → | 庫納荷拉 | → | 克諾皮許德宮殿 | → | 皮爾森 |
|---|---|---|---|---|---|---|---|---|
| 3天 | | 1天往返布拉格 | | 1天往返布拉格 | | 1天往返布拉格 | | 1天 |

| 捷克克倫洛夫 | ← | 捷克百威市 | ← | 布拉格 | ← | 卡羅維瓦利瑪莉安溫泉 |
|---|---|---|---|---|---|---|
| 2天 | | 1天 | | 1天半 | | 3天 |

## 經典摩拉維亞10日遊

| 布爾諾 | → | 特奇 | → | 石灰岩洞摩拉斯科克勞斯 | → | 布爾諾 |
|---|---|---|---|---|---|---|
| 1天 | | 1天往返布爾諾 | | 1天往返布爾諾 | | 1天 |

| 克羅梅日什 | ← | 利托米什爾 | ← | 布爾諾 | ← | 雷德尼采−瓦爾季采 | ← | 米庫洛夫茲諾伊莫 |
|---|---|---|---|---|---|---|---|---|
| 1天 | | 1天 | | 1天 | | 2天(最好包括2個晚上) | | 1天 |

O České republice

# 捷克浪漫蜜月１０日遊

| 布拉格 | → | 卡羅維瓦利、瑪莉安溫泉 | → | 皮爾森 |
|---|---|---|---|---|
| 3天 | | 2天 | | 1天 |

| 捷克克倫洛夫 | ← | 捷克百威市、特奇 |
|---|---|---|
| 2天 | | 2天 |

↓（皮爾森 → 捷克百威市、特奇）

# 友情狂歡１０日遊

| 布拉格 | → | 皮爾森 | → | 卡羅維瓦利、瑪莉安溫泉 | → | 卡爾修坦城堡 |
|---|---|---|---|---|---|---|
| 3天 | | 1天 | | 2天 | | 當天往返布拉格 |

| 利托米什爾 | ← | 布爾諾 | ← | 庫納荷拉 |
|---|---|---|---|---|
| 1天 | | 1天 | | 當天往返布拉格 |

# 傾心品酒８日遊

| 布拉格 | → | 皮爾森 | → | 捷克百威市 | → | 布爾諾 | → | 茲諾伊莫 |
|---|---|---|---|---|---|---|---|---|
| 3天 | | 1天 | | 1天 | | 1天 | | 1天 |

| 米庫洛夫 |
|---|
| 1天 |

# 古堡１５日遊

| 布拉格 | → | 卡爾修坦城堡 | → | 胡魯波卡城堡 | → | 捷克克倫洛夫城堡 | → | 特奇城堡 |
|---|---|---|---|---|---|---|---|---|
| 3天 | | 1天往返布拉格 | | 2天 | | 2天 | | 1.5天 |

| 雷德尼采—瓦爾季采城堡之旅 | ← | 米庫洛夫 | ← | 利托米什爾 |
|---|---|---|---|---|
| 3天 | | 1天 | | 1.5天 |

# 波西米亞之心
# 布拉格
# Srdce Čech –
# Praha

# 城市印象 O Praze

## 融合古典的多元浪漫

　　擁有歐洲之心、百塔之城、萬城之母稱號的捷克首都布拉格(Praha)，可說當之無愧，這個城市如同高貴華麗的雅典娜女神，在伏爾塔瓦河(Vltava)河畔翻閱著歷史書，向人們述說這片土地的過往，以及至今的典雅浪漫。此地四季呈現百變風情，不同於其他城市，在這裡你可以找到歷史文化的遺跡、多樣百變的建築體、震撼動魄的美景、動人心弦的音樂，集多種華美於一身。

　　布拉格市區約為496平方公里，為臺北市的1.8倍大，總共分成10大區域，其下再細分為22個行政區。而大多數的景點只集中在布拉格1、2區。歷史文化中心分別為坐落在伏爾塔瓦河西岸的城堡區、小城區，以及查理大橋銜接東岸的老城區、猶太區、新城區，外加高堡區，均列入世界文化遺產。

　　從晨曦到午夜、從神祕浪漫到飲酒狂歡，這裡可滿足所有年齡層的喜愛與迷戀。此處孕育著歷代帝國盛衰的城堡、精湛建築工藝、天文學家的研究中心、卡夫卡(Franz Kafka)筆下的魔幻地、音樂天才史邁坦納(Bedřich Smetana)的創作來源、新藝術大師慕夏(Alfons Mucha)的創作靈感、黑大衛(David Černý)的現代雕塑場……等，這都是布拉格融合多元的驕傲與精神，我確信，這裡將有一趟難以忘懷的旅程等著你們。

歷史中心
(城堡、小城、老城、新城區)

Praha8
Praha19
Praha18
Praha7
Praha9
Praha20
布拉格國際機場
Praha6
Praha14
Praha1
Praha3
Praha21
Praha2
Praha10
Praha17
Praha15
Praha5
Praha13
Praha4
Praha11
Praha22
Praha12
Praha16

**布拉格全圖**

# 行程規畫

遊歷布拉格，可以從最基本的2日遊到一生一世，各處都是驚喜與歷史，曾有人說即使住在這城市一輩子也不會感到厭倦，因為它的美是隨時呈現不同風貌。即便你過了半輩子再重遊此地，它依然存在你熟悉的那份感覺與歷史場景。

## 皇家之路2日遊

最受觀光客歡迎的路線為查理國王加冕必經的皇家之路，我建議由上(城堡區)往下(新城區)走較為省時省力。

**Day 1**

布拉格城堡 → 小城區

**Day 2**

查理大橋 → 老城區、猶太區 → 新城區

### 旅行小抄

**布拉格旅行重點提示**

由於布拉格景點都是歷史保護區，多數只能以腳行走，而地上的石磚路是從古時遺留至今，所以需穿厚底且舒適的鞋子較不會容易受傷與疲憊。

歐洲的廁所都需要付費，通常在布拉格約為5～10克朗(CZK)，如果想要找免費的廁所，可以考慮百貨公司或是部分星巴克、麥當勞、肯德基；有時候參觀博物館，館內的廁所也是一種選擇。

捷克的吃飯習慣為，入座後服務生上前先點飲料，等飲料送上之後再點主食。大部分的餐廳都是以10%服務費為主，但如果是小酒館，有時以湊整數為主。

Praha

# 經典3日遊

**Day 1**

布拉格城堡 → 小城區

**Day 2**

查理大橋 → 老城區 → 猶太區 → 火藥塔＋市民會館

**Day 3**

火藥塔＋市民會館 → 護城河街(步行街) → 瓦茨拉夫廣場＋國家博物館 → 國家劇院 → 跳舞房子

# 從容不迫5日遊

**Day 1**

史特拉霍夫＋羅瑞塔教堂 → 布拉格城堡 → 小城區

**Day 2**

查理大橋 → 老城區 → 猶太區 → 火藥塔、市民會館

**Day 3**

護城河街(步行街) → 瓦茨拉夫廣場 → 國家劇院 → 跳舞房子 → 高堡區

**Day 4**

特洛伊城堡 → 布拉格會展中心 → 國家藝廊

**Day 5**

魯道夫音樂廳
↓
卡夫卡博物館、坎帕島
↓
佩特辛公園
↓
TV 塔
↓
和平廣場

# 交通方式

布拉格市中心交通是我旅行過多數國家的便捷之最，有地鐵(Metro)、巴士(Autobus)、輕軌電車(Tram)、纜車(Lanovka)，不僅省時方便，價格也非常便宜，其中巴士與輕軌更是24小時運作。但需注意購票後要在第一次乘坐時打入票卡，標記啟用時間點，打票後可自由搭乘。

## 大眾運輸票種與票價 ( 一票可搭乘地鐵、巴士、輕軌、纜車 )

| 票種 / 票價克朗 (CZK) | 成人票價 | 6～15歲幼童與65～70歲老年人票價 |
|---|---|---|
| 30分鐘內無限搭乘 | 24 | 12 |
| 90分鐘內無限搭乘 | 32 | 16 |
| 24小時內無限搭乘<br>(可攜帶1大件行李) | 110 | 55 |
| 72小時內無限搭乘<br>(可攜帶1大件行李) | 310 | 無提供 |
| 大型行李 | 16 ( 請看官網規定 www.dpp.cz/en) | |

# 如何乘坐

## 地鐵Metro

地鐵只有3條線(A綠線、B黃線、C紅線)，月台看板上的實心圓點為你現在的位置，如果要去的站在實心的右邊請往右邊的月台，在左邊請往左邊月台。

布拉格地鐵月台與手扶梯

## 輕軌電車Tram、巴士Autobus

輕軌電車站牌下會標示著電車的號碼、停靠站與時間，所在站名會以粗體黑線標示，行走方向為此站下列的站名，如果發現要前往的站名在粗線上方則請至對向搭乘。站名旁的小數字為抵達所需要的分鐘數，時間則為週一～五(Pracovní den)行駛時間，週六(So)、日(Ne)與國定假日行駛時間。號碼50～59為夜間輕軌電車，500號以上則為夜間巴士。

布拉格輕軌電車

巴士

## 佩特新公園纜車Lanová dráha na Petřín

纜車也包含在大眾運輸票價內,如果要前往山上的小巴黎鐵塔,可以使用纜車服務,但需注意纜車在3月與10月會定期維護,營運時間為11～3月,每日09:00～23:20;4～10月為每日09:00～23:30。

## 計程車TAXI

布拉格的計程車公司很多,但是許多不肖業者會因為貪圖觀光客的錢而亂報價,所以如果要選擇費率較合宜的計程車公司,對旅客來說AAA是合法且說英文的公司。如果是在機場叫車,可以向櫃台索取回程乘坐折價卡。

### 旅行小抄

**交通購票注意須知**

請不要以僥倖的心態逃票,時常會有隨機抽檢的工作人員,一旦逃票被抓則是當場現金重罰,無法繳款會送警局。

走在路上請注意兩邊路上電車是否有通行,影響電車行進也可能觸犯法律。

如果要在布拉格短期旅行或是居留的人,不需提供證件登記,可轉換他人使用的票有:30日票670克朗、90日票1,800克朗、365日票6,100克朗。

# 布拉格 重要電影場景

布拉格可說是許多好萊塢著名場景片段的拍攝地,所以如果是電影迷的朋友們,跟著下面挑選的幾個知名場景一起去追星吧!

查理大橋

特洛伊宮殿《悲慘世界》

## 1984~1999年代:

史塔沃夫劇院《阿瑪迪斯》

頭一部讓布拉格打開電影知名度的電影是《阿瑪迪斯》(Amadeus),該片獲得奧斯卡8項大獎,其場景遍布布拉格小城區。而後是1996年湯姆‧克魯斯的代表作之一《不可能的任務》(Mission: Impossible),該系列電影曾經贏得第12屆最賣座電影系列的冠軍,全球票房達到20億美元。到了20世紀末,由小說改編的《悲慘世界》(Les Misérables),也讓世人再次看到布拉格的美。

市民會館《不可能的任務》

布拉格中央火車站
《恐怖旅社》

坎帕島《神鬼認證》

魯道夫音樂廳《天降奇兵》

## 2000～2005年代：

　　這5年可說是布拉格電影熱的時期，從《騎士風雲錄》、《神鬼認證》、《神鬼拍檔》、《刀鋒戰士2》、《天降奇兵》、《皇家威龍》、《地獄怪客》、《麻雀變鳳凰》、《恐怖旅社》、《毀滅戰士》等，部部都是膾炙人口、口碑極佳的影片，很多地方其實都是在布拉格取景，只是戲中喬裝成英國或是其他歐洲國家。

Střelecký 島
《神鬼拍檔》

國家民族解放紀念館
《地獄怪客》

聶魯多娃街
《神鬼拍檔》

巴黎街《麻雀變鳳凰》

## 2006～2014年代：

inavský pavilon 餐廳
《交響情人夢》

國家博物館
《007 皇家夜總會》

國家博物館
《007 皇家夜總會》

國家博物館
《007 皇家夜總會》

　　近代這幾年除了歐美大片之外，布拉格也慢慢吸引許多亞洲國家前往拍攝偶像劇、MV、廣告、亞洲電影，其中臺灣人最熟悉的應是日劇《交響情人夢》、HTC廣告、Toyota汽車、林俊傑MV等，而歐美片以《007皇家夜總會》、《玫瑰人生》、《刺客聯盟》、《納尼亞傳奇之賈斯潘王子》、《特種部隊》、《寂寞拍賣師》最為知名。

帝國酒店，林俊傑《學不會》MV

53

# 布拉格歷史中心全圖

城堡區
**Hradčany**

布拉格城堡 🔳

Mánesův mos

Letenská

Úvoz

Nerudova

小城廣場 🔳

Mostecká

查理大橋

Tržiště

Karlův mos 🔳

Vlašská

Karmelitská

小城區
**Malá Strana**

Čertovka

🔳 佩特辛公園

Újezd

Vítězná

Most legií

Plaská

Janáčkovo nábřeží

Zborovská

Vodní

Kroftova

Štefánikova

Drtinova

Holečkova

V botanice

náměstí 14. Října

**Praha**

Hořejší nábřeží

Svornosti

Hořejší nábřeží

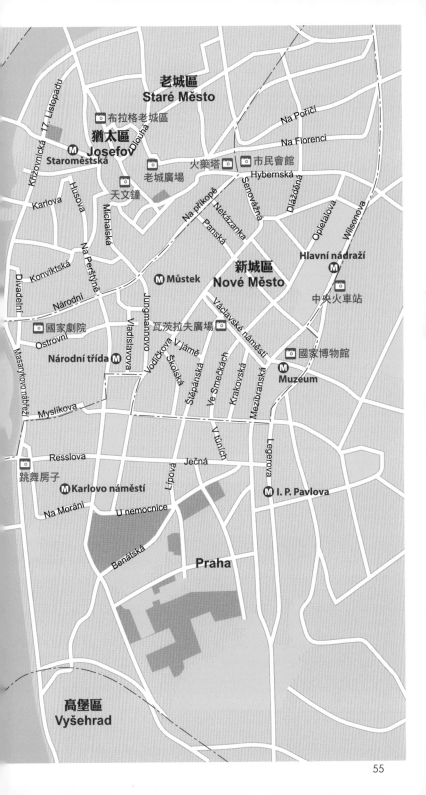

老城區
**Staré Město**

布拉格老城區

猶太區
**Josefov**

火藥塔 市民會館

Ⓜ **Staroměstská**

Na Poříčí

Na Florenci

老城廣場

Hybernská

天文鐘

新城區
**Nové Město**

Hlavní nádraží

Ⓜ **Můstek**

中央火車站

國家劇院

瓦茨拉夫廣場

**Národní třída** Ⓜ

國家博物館

Ⓜ **Muzeum**

跳舞房子

**Karlovo náměstí** Ⓜ

Ⓜ **I. P. Pavlova**

**Praha**

高堡區
**Vyšehrad**

# 城堡區地圖

U Prašného mostu

Jelení

Pražský hrad 🚉

Královská obora

馬術學校 📷
Jízdárna Pražského hradu

Královská

布拉格城堡畫廊
Obrazárna Pražského hradu

第二庭院 📷

Kanovnická

聖十字禮拜堂
Kaple Sv. Kříže 📷

U Brusnice

🍴
Restaurace U Zlaté Hrušky

西班牙廳
Španělský sál

史坦堡宮 📷
Šternberský palác

馬蒂亞城門 📷
Matyášova brána 第一庭 📷

羅瑞塔教堂
Pražská Loreta
📷

U kasáren

Loretánská

Radnické schody

城堡區星巴克分店 🍴
Starbucks

Ke Hradu

史汪森貝格宮 📷
Schwarzenberský palác

← 📷 史特拉霍夫圖書館
Strahovská knihovna

Královský letohrádek

皇家夏宮
Letohrádek královny Anny

Mariánské hradby

皇家花園
Královská zahrada

達利波塔
Daliborka

布拉格城堡
Pražský hrad

黃金巷
Zlatá ulička

黑塔
Černá věž

玩具博物館
Muzeum hraček

Jiřská

城堡區火藥塔
Prašná věž

洛克維茲宮
Lobkovický palác

Villa Richter
Restaurant

聖維特大教堂
Katedrála svatého Víta

Vikářská

聖喬治教堂
Bazilika svatého Jiří

舊皇宮
Starý královský palác

第三庭院

南側花園 Jižní zahrady

Zámecké schody

Zámecká

Thunovská

Tomášská

Nerudova

Malostranské náměstí

# 小城區地圖

Zámecké schody

Thunovská

苦艾酒店
**Absinth**

布拉格巧克力店
Pražská čokoláda

聶魯多娃街
**Nerudova ulice**

小城區廣場
**Malostranskéá náměstí**

Nerudova

Lo veg

Malostranské náměstí

名蘋果
**U Bílého Jablka**

本偶店
**OBCHOD LOUTKAMI**

Jánská

Obchod Vším Možným

U magistra Kelly

Jánský vršek

聖尼古拉斯教堂
**Kostel sv. Mikuláše na Malé Straně**

U Stare Studny

Tržiště

Elima Keramika

歐美大使館街
**Tržiště Ulice**

Vlašská

維特巴花園
**Vrtbovská zahrada**

勝利聖母教堂(聖嬰教堂)
**Kostel Panny Marie Vítězné**

Hellichova

佩特辛公園
**Petřín**

U lanové

纜車
**Nebozízek**

纜車
**Petřín**

纜車
**Újez**

國家民俗博物館
**Národopisné muzeum-Musaion**

地鐵
**Malostranská**
Ⓜ

輕軌 **Malostranská**

Valdštejnská

Nábřeží Edvarda Beneše

U železné lávky

Klárov

華倫史坦公園
**Valdštejnská zahrada**

Tomášská

Letenská

輕軌
**Malostranské náměstí**

Josefská

Mišeňská

U lužického semináře

Chelná

卡夫卡博物館
**Franz Kafka Museum**

Mostecká

Saská

Cukrkávalimonáda

Lázeňská

查理大橋
**Karlův most**

Prokopská

V Karmelitské

約翰・藍儂之牆
**Lennonova zeď**

Na Kampě

鎖鏈橋與老水車

國家音樂博物館
**České muzeum hudby**

Čertovka

輕軌 **Hellichova**

U Modré Kachničky

Újezd

U Sovových mlýnů

U knoflíčků

Ostrov Kampa

坎帕島
**Kampa**

Všehrdova

輕軌 **Ujezd**

Říční

Bella Vida café

Kolkovna Olympia

# 老城區地圖

Čechův most

巴士+輕軌
Právnická fakulta

Břehová

17. listopadu

魯道夫音樂廳
Rudolfinum

猶太區
(請見P. 6.

Mánesův most

裝飾藝術博物館
Uměleckoprůmyslové museum v Praze

Široká

卡夫卡出生家
Franz Kafka's Birthplace

Marina Grosseto Ristorante

Sedm konšelů

輕軌Staroměstská

Valentinská

M 地鐵Staroměstská

Maiselova

Mistral Cafe

The pub

國家木偶劇院與博物館
Národní divadlo marionet

Platnéřská

布拉格市立圖書館
Městská knihovna

聖方濟史拉分尼教堂
Sv. Františka Serafinského

Křižovnická

聖尼古拉斯教堂(老城區)
Kostel svatého Mikuláše

查理大橋
Karlův most

克萊門特學院
Klementinum

Karlova

Husova

Karlova

Jilská

十字軍廣場
Křižovnické náměstí

查理街
Karlova ulice

Anenská

克拉姆-葛拉斯宮
Clam-Gallasův palác

U Zlatého tygra

史邁坦納博物館
Muzeum Bedřicha Smetany

Liliová

Zlatá

Choco Café

輕軌Karlovy lázně
(只停靠單向)

Stříbrná

Lehká hlava

伯利恆禮拜堂
Betlémská kaple

Boršov

Smetanovo nábřeží

Karoliny Světlé

Karoliny Světlé

Konviktská

Průchodní

Na Perštýně

Divadelní

Bartolomějská

Štefánikův Most

巴士 Nemocnice Na Františku

Dvořákovo nábřeží

Na Františku

Řásnovka

Hradební

Haštalská

輕軌
Dlouhá třída

Bílkova

Dušní

Vězeňská

U obecního dvora

Kozí

Rámová

Dlouhá

V Kolkovně

Kosteční

Masná

Pařížská

輕軌

地鐵+輕軌
Náměstí Republiky

Dlouhá

Malá Štupartská

Rybná

Náměstí Republiky

菠丹妮 Botanicus

巴黎街 Pařížská ulice

聖雅各伯教堂
Kostel svatého Jakuba Většího

老城廣場 Staroměstské náměstí

金斯基宮 Palác Golz-Kinských

Králodvorská

Franze Kafky

Týnská

提恩聖母教堂 Týnský chrám

石鐘之家 Dům U Kamenného zvonu

火藥塔
Prašná brána

胡斯雕像 Pomník mistra Jana Husa

一分鐘之屋
Dům U Minuty

Celetná

采萊特納街
Celetná ulice

舊市政廳與天文鐘
Staroměstská radnice
a Pražský orloj

Kamzíková

斯托胡家之
Štorchův dům

Grand Café Orient

Staroměstské náměstí

Bageterie Boulevard

Hotel U Prince

Kožná

Železná

卡羅麗娜學院 Karolinum

Melantrichova

曼菲蕾
Manufaktura

小廣場
Malé náměstí

Havelská Koruna

Ovocný trh

史塔沃夫劇院 Stavovské Divaldo

Michalská

哈維爾市集
Havelské Tržiště

Havlířská

小鼴鼠的玩具店
Hračky U Krtečka

Havelská

V kotcích

Angelato

Na můstku

Provaznická

Bageterie Boulevard

Rytířská

28. října

Václavské náměstí

Škořepka

M 地鐵 Můstek

Martinská

U Pinkasů

瓦茨拉夫廣場
Václavské náměstí

Národní

61

# 猶太區地圖

Břehová

Na Rejdišti

Elišky Krásnohorské

Dušní

西班牙猶太會堂
Španělská synagoga

U Sv. Ducha

葬儀大廳
Obřadní síň

日教堂

舊新猶太會堂
Staronová synagoga

克勞斯猶太會堂
Klausová synagoga

Maiselova

Pařížská

17. listopadu

輕軌站
Právnická fakulta

舊猶太公墓
Starý židovský hřbitov

Široká

Kostečná

平卡斯猶太會堂
Pinkasova synagoga

Valentinská

Žatecká

Salvátorská

瑪瑟爾猶太會堂
Maiselova synagoga

Jáchymova

# 高堡區地圖

Jediný originální
pravěký restaurant

夏日戶外劇場
Letní scéna

Vratislavova

U Kroka

高堡區砲台
Vyšehradské
Kasematy a Gorlice

紅磚之門 Cihelná brána

V Pevnosti

高堡區公墓
Vyšehradský hřbitov

惡魔之石
Čertův sloup

聖馬丁圓型小教堂
Rotunda sv. Martina

聖彼得聖保羅大教堂
Kapitulní chrám sv. Petra a Pavla

K rotundě

利奧波德門
Leopoldova brána

Lumírova

高堡區雕像
Sousoší

Soběslavova

V pevnosti

通往地鐵站
Vyšehra

Libuš澡堂遺跡
Libušina lázeň

哥德式酒窖與高堡區歷史展覽
Gotický sklep a stálá expozice
Historické podoby Vyšehradu

泰柏門
Táborská brána

新城區地圖

市民會館
**Obecní dům**
Obecní dům, Plzeňská restaurace

Ambiente Brasileiro
護城河街(步行街)**Na příkopě**

Moser水晶玻璃

Café Savoy

共產博物館●
**Muzeum komunismu**

國家劇院主館
**Národní Divadlo**

U Vejvodů

皇冠大樓
**Palác Koruna**
地鐵**Můstek** M

慕夏博物
**Mucho**
**Muzeu**
**Pra**

國家高等科學研究院
**Akademie věd České republiky**

Baťa鞋

斯拉維亞咖啡館
Kavárna Slavia

U Medvídků

Zlatý kříž

28. října

國家大道**Národní třída**

輕軌 **Václavské náměstí**
盧森納大樓
**Lucerna Palace**

Panska

Václavské náměstí

Národní

羅浮咖啡館
Café Louvre

My Národní
TESCO

Palackého

諾瓦克大樓
**Novák Arca**

輕軌
**Národní divadlo**

Voršilská

Purkyňova

輕軌**Národní třída**

Ostrovní

Jungmannova

V Jámě

輕軌**Vodičkova**

Vladislavova

Vodičkova

Školská

Štěpánská

國家劇院之新舞臺
**Nová scéna Národního divadla**

Quadrio

M
地鐵**Národní třída**

Na struze

Lazarská

伏爾塔瓦河
**Vltava river**

Šítkova

U Fleků

Černá

Spálená

Navrátilova

Příčná

Řeznická

Ve Smeč

Vojtěšská

輕軌**Myslíkova**

Myslíkova

布拉格新市政廳
**Novoměstská radnice Praha**

Žitná

Papetote

Náplavní

Odboru

輕軌**Odborů**

Na Rybníčku

Na Zderaze

跳舞的房子
**Tančící dům**

Resslova

輕軌
**Karlovo náměstí**

地鐵
**Karlovo náměstí**

輕軌
**Štěpánská**

Ječná

Gorazdova

Karlovo náměstí

Salmovská

Lípová

🚊 輕軌
**Dlouhá třída**

Soukenická

Samcova

Petrská

🍴 **Sansho**

Těšnov

Truhlářská

Zlatnická

Revoluční

Na Poříčí

地鐵 **Florenc** Ⓜ

Na Florenci

布拉格市立博物館
**Muzeum hlavního
města Prahy**
📷

帝國酒店咖啡廳 🍴
**Café Imperial**

**Palladium**
🏛

Havlíčkova

 Náměstí Republiky

Ⓜ
地鐵
**Náměstí Republiky**

海伯麗娜劇院
**Divadlo Hybernia**
📷

🍴

🚊 **Masarykovo nádraží**

Hybernská

**Potrefená Husa** 🍴

Dlážděná

Senovážná

Wilsonova

**Koh-I-Noor**
禮品店

耶路撒冷猶太會堂
**Jeruzalémská Synagoga**

Nekázanka

Jindřišská

Ⓜ
輕軌
**Jindřišská**

Jeruzalémská

U půjčovny

Růžová

Jindřišská

郵政總局
**Hlavní Pošta**
📷

Olivova

地鐵與中央車站 Ⓜ
**Hlavní nádraží**

型書店
alác knih Luxor
📷

布拉格中央火車站 📷
**Praha hlavní nádraží**

Opletalova

📷 瓦茨拉夫廣場
**Václavské náměstí**

國家劇院之歌劇院
**Státní opera**
📷

🍴 **VÝTOPNA**

國家博物館主館
**Národní museum**
📷

Ⓜ
地鐵
**Muzeum**

Krakovská

Mezibranská

Legerova

Hálkova

Ⓜ 地鐵 **I. P. Pavlova**

# 布拉格其他景點與住宿地圖

布拉格動物園 📷 Zoo Praha

📷 特洛伊宮殿 Troja zámek

Podbabská

Papírenská

Ve struhách

Na Šťáhlavce

Slejnická

Terronská

Rooseveltova

Pelléova

Bubenečská

Korunovační

國家科技圖書館 Národní technická knihovna 📷

Pod kaštany

Evropská Ⓜ Dejvická

Svatovítská

M Horákové

Ⓜ Hradčanská

Pevnostní

Jelení Mariánské hradby

Nábřeží Edvarda Beneš

大眾運輸博物館 📷 Muzeum MHD

布拉格城堡區

Ⓜ Malostranská

Dvořákovo náb

Patočkova

Mysíbekova

Keplerova

Ⓜ Staroměstská

老城區

小城區

Újezd

Můstek Ⓜ

Národní třída Ⓜ

Štefánikova

Zborovská

Žitn

Ječn

Ⓜ Karlovo náměstí

Duškova

Hořejší nábřeží

Rašínovo nábřeží

Ⓜ Anděl

📷 Staropramen 啤酒廠

Radlická

66

Trojská

Povltavská

V Holešovičkách

Povltavská

布拉格世貿中心
Výstaviště  Praha Holešovice

Křižíkova
水舞音樂表演
Křižíkova Fontána

Argentinská

Varhulíkové

**Ⓜ**
**Nádraží Holešovice**

DOX當代藝術中心
DOX centrum současného umění

U Uranie

U Výstaviště

U průhonu

Jankovcova

Dukelských Hrdinů

Dělnická

Veletržní

Bubenská

**Ⓜ Vltavská**

Jateční

Bubenské nábřeží

國家藝廊博覽會館
Veletržní palác - Národní galerie

Rohanské nábřeží

**Ⓜ Invalidovna**

Sokolovská

**Ⓜ Křižíkova**

… Most

**Ⓜ Florenc**

Pernerova

**Ⓜ Náměstí Republiky**

🄯 國家民族解放紀念館
Národní památník na Vítkově

Wilsonova

Husitská

Seifertova

**Ⓜ Hlavní nádraží**

Olšanská

Italská

布拉格TV塔
Žižkovská věž

**Ⓜ Muzeum**

Slavíkova

Ondříčkova

Lucemburská

新城區

Vinohradsky館
Vinohradský Pavilon

Vinohradská

**ⓂJiřího z Poděbrad**

**Ⓜ Flora**

Legerova

Anglická

Slezská

Šrobárova

Sokolská

🄯 **Ⓜ Náměstí Míru**

聖魯德米利教堂
Kostel sv Ludmily

Benešovská

Bělocerkevská

Belgická

J. Masaryka

Francouzská

Ruská

Vršovická

# Hradčany
# 城堡區

概況導覽

布拉格最顯眼的區域，就是聳立在山丘上的城堡區，走進城堡區就像是走進哈利波特的世界那樣不真實，因為這裡美不勝收的景致與多樣化的建築，都代表著歷史的遺跡，讓人目不轉睛，深怕遺漏任何一個部分。城堡區坐落在維伏塔瓦河西岸的小山上，可以從此處遠眺整個布拉格市中心，也是布拉格的必遊景點之一。整個城堡區在 1784 年前曾是獨立的小城鎮，直到後來與老城、小城區與新城區合併為布拉格市。最具特色的地方是整個區域環繞的布拉格城堡，不僅只是觀光景點，如今仍為捷克總統府與其他公家單位的辦公地點。

## 城堡區建議行程表

| 0.5小時 | 1小時 | 1小時 | 1小時 |
|---|---|---|---|
| 史特拉霍夫圖書館 → | 羅瑞塔教堂 → | 史汪森貝格宮 → | 馬蒂亞城門（看守衛交接） |

| 0.5小時 | 0.5小時 | 1小時 | 1小時 |
|---|---|---|---|
| 黃金巷 ← | 聖喬治教堂 ← | 舊皇宮 ← | 聖維特大教堂 |

| 0.5小時 | 1小時 | 1小時 | 0.5小時 |
|---|---|---|---|
| 達利波塔 → | 南側花園 → | 聖十字禮拜堂 → | 皇家花園 |

| | | | 20分鐘 |
|---|---|---|---|
| | | | 皇家夏宮 |

# 熱門景點

## 世界第一大城堡遺址
# 布拉格城堡
### Pražský hrad

✉ Pražský hrad, 119 08, Praha 1
☎ 224 373 584
🕐 2～10月05:00～24:00，11～3月06:00～23:00
➡ 輕軌22號至Pražský hrad
🌐 www.hrad.cz/en

第一庭院

| 票種 | 全票 | 折扣 | 家庭票 |
|---|---|---|---|
| 城堡 A 路線 | 350 克朗 | 175 克朗 | 700 克朗 |
| 城堡 B 路線 | 250 克朗 | 125 克朗 | 500 克朗 |
| 城堡 C 路線 | 350 克朗 | 175 克朗 | 700 克朗 |
| 布拉格城堡歷史展 | 140 克朗 | 70 克朗 | 280 克朗 |
| 火藥塔 | 70 克朗 | 40 克朗 | 140 克朗 |
| 聖維特大教堂珍寶展(聖十字禮拜堂) | 300 克朗 | 150 克朗 | 600 克朗 |
| 聖維特大教堂南側鐘塔 | 單一票價 150 克朗 | | |
| 拍攝照片 | 50 克朗 (不可使用閃光燈與腳架)，但布拉格城堡歷史展、聖維特大教堂珍寶展、布拉格城堡畫廊嚴禁照相。 | | |

★折扣票為6～16歲之少年，26歲以下全職學生，65歲以上老人
★家庭票1～5名16歲以下孩童，與最多2位成人
★有效時間為售後2天內使用完畢，不可重複進入
★幣種：捷克克朗　　🗺 P.54、P.57

**城堡A路線：**聖維特大教堂、舊皇宮、布拉格城堡歷史展、聖喬治教堂、黃金巷與達利波塔、火藥塔、羅森堡宮

**城堡B路線：**聖維特大教堂、舊皇宮、聖喬治教堂、黃金巷與達利波塔

**城堡C路線：**聖維特大教堂珍寶展、布拉格城堡畫廊

　　布拉格城堡是全世界最大的城堡遺址，從波西米亞國王、神聖羅馬帝國國王，到現在的總統，都在此治理國家大事，是個兼具代表性與歷史意義的地方。城堡

第二庭院

Hradčany

70

布拉格城堡區夜景

區內包含了4個教堂、4座宮殿、6座花園與馬術學校、黃金巷等，展現多樣化的建築風格與歷史痕跡。尤其每5年開放一次參觀的波西米亞國王皇冠，以及不定期開放的查理四世與瓦茨拉夫棺木都造成轟動人潮，有興趣的讀者請記得預做準備。

聖維特大教堂後方庭院

---

**旅行小抄**

### 省門票參觀有訣竅

如果想省門票錢的朋友們，黃金巷在營業時間後是免費開放參觀的，聖維特大教堂可以免門票進入，但是進入教堂內部則需要門票。如果想避開人山人海的排隊潮，城堡區除展館到下午外，其他大眾區域夏日都是到凌晨。你們知道嗎！？由於地面上的路磚都是古老的鵝卵石塊保留到現在拼接而成，路面不平整對於穿薄底鞋子的路人非常的吃力，所以建議大家要備妥厚底好走的鞋子。由於這種路面凸出平滑的形狀，在捷克人眼中就像小貓的頭一樣，所以又稱作小貓頭路(Kočičí hlavy)。

城堡區排隊人潮

史特拉霍夫修道院通往城堡廣場

布拉格城堡 超越半世紀的雄偉教堂

# 聖維特大教堂

P.57 **Katedrála svatého Víta**

◎ 4~10月，週一~六09:00~17:00、週日12:00
~16:40；11~3月，週一~六09:00~16:00、
週日12:00~15:40；塔樓10:00~18:00

聖維特大教堂是整個布拉格最宏偉動人的教堂，其建造始於西元930年前後，直到1929年才真正完工，經歷數名建築師的設計傳承，顯得非常得天獨厚。此座教堂也是布拉格總主教堂，歷任的皇室成員都安葬此處。一直以

大教堂背側

來，此地都是布拉格的精神象徵之一，也是中歐地區第一座哥德式的大教堂。

最早是波西米亞公爵瓦茨拉夫一世(Václav I)下令在此地建造亭子，直到百年後建起一座羅馬教堂。到了14世紀，在此基礎上建立哥德式教堂，第一位建築師是來自法國的Matthias of Arras，他深受法國後古典時代影響，從祭壇部分著手設計總體格局，3個中殿與飛扶壁、5個隔間唱經樓，以及輻射狀的小禮拜堂，但他生前只建成了唱經樓的東端部分。

Matthias of Arras去世後，由德籍的石工匠Peter Parler接手，依照其遺留下的計畫，加上自己的想法完成北側唱經樓與南側

大教堂塔樓與側面金門

## 加冕皇冠展

　　捷克國寶被收藏在布拉格城堡之後，就成為波西米亞國王加冕用的珍寶，放置位置為原本的法器寶藏室，是到19世紀才改為擁有7把鎖的皇冠珍寶室，只有在特定時間才會公開展出，最近的一次展出是在2011年。這些文物為查理四世下令製造，為自己在14世紀加冕時所用。為了保護它，查理四世下令如有任何人竊取此皇冠，將會永遠被逐出教會。皇冠上用

特別開放皇家珍寶展

人潮情況

2個十字黃金弧形為裝飾，帶有4朵花型設計，是依照普謝米斯爾王朝時用的皇冠設計。王權蘋果是以純金打造，高2.2公分，兩半球上雕刻著聖經中猶太大衛王時期，與6個獅身女首雕像。長度67公分的全金權杖，以4顆綠寶石、珍珠為裝飾，重達1公斤。這些珍寶都是16世紀神聖羅馬帝國加冕用珍寶，獨一無二、無可取代。

### 聖維特大教堂

小禮拜堂，教堂雄踞高聳的鐘樓也是由他完成，可以堪稱是此教堂主要的建築設計師。他大膽而創新的設計帶來建築上的哥德元素，進而創造一個獨特的新綜合體。帶有交肋的穹廬頂是因為他的專業是雕塑，因而他對待建築如同雕塑一般。另外他也建造了

教堂內部的聖瓦茨拉夫禮拜堂，牆壁下方裝飾著1,300個半寶石與耶穌受難畫作，牆壁上方都是聖瓦茨拉夫的生平壁畫，該禮拜堂的一側有一個設有7道鎖的小門，通往放置著被視為國寶的波西米亞加冕皇冠的王冠室，目前只有特定的日子才會開放展出。

教堂內部全景

慕夏大師的畫窗　　　教堂內部全景　　　　　教堂正面

而旁邊的聖十字禮拜堂通往皇家地下陵墓，放置查理四世(Karel IV)、瓦茨拉夫(Václav)等君王的棺木。此外Peter Parler也修建了查理大橋，直到他去世為止。他的兒子之後接下他的職務，建成了鐘樓和南側耳堂的山形牆，上面描繪著金色馬賽克的最後審判，國王們正是通過這扇門進入主教座堂舉行加冕典禮。直至1419年教堂建設終止。

到16世紀後期，蒂羅爾與沃爾慕特為鐘塔加上文藝復興式的屋頂，其巴洛克式的尖頂是18世紀才加上去。19世紀莫克承襲了Parler的計畫，繼續建造教堂大門，直到1929年由西爾柏特完成。

氣勢宏偉的內部主要分為3個大殿，主殿長124公尺、高33公尺，擁有色彩繽紛的彩色玻璃窗，出自許多20世紀捷克知名的藝術家之手，如新藝術大師慕夏(Alfon Mucha)的玻璃座在左殿的第三間禮拜

玻璃繪畫窗

堂；門口的大圓花式玫瑰窗是1925年間由Frantisek Kysela所設計，上方的玻璃藝術描繪了創世紀中的場景。外側南大門(或稱金門)上放有一幅鑲嵌畫描繪的則是末日審判的場景，一共使用了4萬多片的玻璃完成。

瓦茨拉夫禮拜堂

聖內波穆克棺

## 布拉格城堡　萬紅頂中一點綠
# 皇家夏宮
**MAP** P.57 Letohrádek královny Anny

✉ Mariánské hradby 52/1, 118 00 Praha 1

皇家夏宮又稱為安妮女王宮，在皇家花園東側的音樂噴泉前，於16世紀由斐迪南一世(Ferdinand I)為他的妻子安妮女王所建造，是1538～1560年之間最乾淨的文藝復興式建築，現在多作為藝術畫廊和展覽中心。從此處走下旁邊的階梯通往城堡入口處，可以一覽聖維特大教堂完整側景。

安妮女王宮正面與側面

## 布拉格城堡　會唱歌的花園
# 皇家花園
**MAP** P.57 Letohrádek Zahrada

🕐 4、10月10:00～18:00，5、9月10:00～19:00，6～7月10:00～21:00，8月10:00～20:00

城堡區內最著名的花園非皇家花園莫屬，最初於1534年由斐迪南一世(Ferdinand I)建造，為文藝復興風格，但隨著時間的推移，經過幾世紀的增建，由眾多不同部分組成。花園內最著名的為東側的皇家夏宮與西側的愛德華·貝奈斯博士(Dr. Eduard Beneš)別墅和2座大型的溫室栽種區，於冬季關閉時栽種花草植物。值得一提的是在皇家夏宮前有一座

音樂噴泉

音樂噴泉，是1568年打造聖維特大教堂時鐘的湯瑪斯·亞洛士(Tomáš Jaroš)製作，常可聽見噴泉水滴落在青銅盤上所發出的悅耳聲音。另外在夏天入口處右方有開放式的貓頭鷹與老鷹觀賞區，提供遊客拍照。此外布拉格美食展也是在此舉辦。

從花園觀看聖維特大教堂

花園景致

**布拉格城堡** 寧靜寬敞俯瞰布拉格城堡教堂

# 馬術學校
🅼🅰🅿 P.56 **Jízdárna Pražského hradu**

🄲 每日10:00～18:00

位於皇家花園正前方，有座大型巴洛克式建築，該建築早期是專為騎馬訓練和貴族騎馬取樂修建，原立面有2個雕像，但在一次重建中消失，現為皇家帝國鷹的

馬術學校側面風景

立面。1760年，馬術學校被燒毀重建後，長期做為倉儲之用。目前這裡是布拉格重要的展覽館，定期舉行藝術展覽。值得一提的是從馬術學校可以觀賞城堡區聖維特大教堂的北面景觀。

**布拉格城堡** 世代權力的象徵

# 舊皇宮
🅼🅰🅿 P.57 **Starý královský palác**

🄲 4～10月09:00～17:00，11～3月09:00～16:00

舊皇宮最初是石材基底的木造建築，後來於12世紀才改建成羅馬式風格，但是隨著歷任在位者的修繕，最後添加了哥德、文藝復興等風格。由於16世紀的大火摧毀部分房間，現在所看到的都是在原址重建後的遺址。舊皇宮總共有3個樓層，最受矚目的為入口處弗拉季斯拉夫廳（Vladislavský sál），採用挑高哥德式的天拱屋頂，是

舊皇宮出口處

國王們主持會議的廳室，也是中世紀布拉格最大的廳堂，從1918年起也用於捷克總統宣誓就職等大型慶祝活動。可惜的是大廳旁延伸出去的陽台，原可觀賞布拉格的美景，目前不定期開放。

皇宮內部

舊皇宮陽台景色

## 布拉格城堡 華麗高貴的珍寶傳承
# 聖十字禮拜堂
**MAP** P.56 **Kaple Sv. Kříže**

ⓒ每日10:00～17:00，12/24與12/31開放至16:00

目前在此展出從11世紀以來聖維特大教堂擁有的139件珍寶，大部分為鍍金銀或是純金的寶物，包括極具歷史意義的聖骨盒與宗教儀式法器。聖十字禮拜堂為洛可可風格，於18世紀瑪麗亞・泰瑞莎在位期間完成整修，內部高貴華麗，尤其祭壇前的十字架與牆面上的濕壁畫值得一看。

禮拜堂外觀

## 布拉格城堡 城堡區最老的教堂
# 聖喬治教堂
**MAP** P.57 **Bazilika svatého Jiří**

ⓒ4～10月09:00～17:00，11～3月09:00～16:00

聖喬治教堂始建於10世紀，也是所有捷克教堂中最古老的教堂之一，是保存最好的仿羅馬式建築。經過多次的破壞與重建，17世紀時又增添了巴洛克式的立正面。教堂內部中廳升高以廊旁的階梯可通往半圓形的屋頂與唱詩堂，在此可以看到《聖母加冕》等濕壁畫，地下墓室存放著普謝米斯爾皇

後面兩個尖塔

室的陵寢與禮拜堂。在教堂的旁邊是聖喬治修道院，為波西米亞最古老的修道院，現為國家藝廊之一，展出中世紀的捷克收藏品。

正面

教堂內部

| 布拉格城堡 軍事文物保存地 | 布拉格城堡 國王的鍊金術師寶地 |
|---|---|

# 城堡區火藥塔

**MAP** P.57　　**Prašná věž**

🕐 4～10月09:00～17:00，11～3月09:00～16:00

　　隱藏在聖維特大教堂旁的火藥塔曾是最大的砲塔之一，作為軍事用途的要塞，但它的防禦性並未經過測試。而後到了魯道夫二世時，此處成為鍊金術士做研究用的地點。20世紀後變成聖維特大教堂儲藏聖器的地方，現在則展出布拉格城堡守衛與軍事相關文物展。

# 黃金巷

**MAP** P.57　　**Zlatá ulička**

🕐 4～10月09:00～17:00，11～3月09:00～16:00

　　黃金巷是城堡區其中一個熱門景點，一整排矮小且色彩繽紛的小房子，讓人誤以為走入了七矮人的童話世界。黃金巷的由來為早期神聖羅馬帝國國王魯道夫二世(Rudolf II)聚集眾多鍊金術士的鍊金居所，也因此而聞名。而第22號的房舍曾是1916～1917年間卡夫卡居住與寫作之處。目前此排房舍多為手工藝與紀念品店，但是由於巷弄狹小，所以提醒讀者需盡量避免人潮高峰期前往參觀。2010～2011年間曾大量修復。

黃金巷屋子

卡夫卡之家

## 布拉格城堡 以第一個監獄囚犯為名

# 達利波塔

**MAP** P.57　**Daliborka**

🕐 4～10月09:00～17:00，11～3月09:00～16:00

達利波塔近照

達利波塔一開始是城堡北面的防禦要塞，後期改做監獄，而第一個囚犯就是達利波，他因庇護犯法的農奴被軟禁在達利波塔。傳說達利波請獄卒偷渡了一把小提琴，無師自通地學會了拉琴。他優美的琴聲，吸引民眾前來聆聽，人們怕他餓死，所以相繼遞送食物給他。後來這故事被捷克作曲家史邁坦納編成了歌劇《達利波》。

## 布拉格城堡 童心未泯的百寶箱

# 玩具博物館

**MAP** P.57　**Muzeum hraček**

✉ Jiřská 4, Praha 1
🕐 09:30～17:30
💲 全票70克朗，折扣票30克朗，家庭票120克朗

這個號稱全世界第二大的玩具博物館，收藏了從古希臘時代到現在的各種玩偶、全套芭比娃娃，以及捷克、德奧的傳統玩具，每個玩具都有屬於自己的故事與角色，還會介紹許多聖誕節裝飾與歷史由來，除此之外可以從此處的窗戶觀看黃金巷的店家。

玩具博物館內部展示

玩具博物館入口

**布拉格城堡** 城堡唯一私有財產

# 洛克維茲宮

**MAP** P.57　Lobkovický palác

- Jiřská 3, Praha 1
- 233 312 925
- 10:00～18:00
- 全票275克朗,半票200克朗
- 輕軌22號至Pražský hrad
- www.lobkowicz.cz

　　這是城堡區內唯一一個私人擁有的財產,由貴族洛克維茲家(Lobkowicz)擁有,早期經2次共產統治沒收後索回。整體採用巴洛克式的風格重建而成,直到

2007年再次開放給大眾參觀,目前為藝廊,展出許多洛克維茲家珍貴的收藏品,例如貝多芬與莫札特的手稿。特別的是宮殿的1樓一直保存原貌,且提供8種免費的語音導覽,此處的咖啡廳可以看到美麗的風景,值得前往一坐。

---

**布拉格城堡** 消失的金塔

# 黑塔

**MAP** P.57　Černá věž

　　參觀完洛克維茲宮(Lobkovický palác)之後沿著Jiřská街繼續往下走,將會看到一座保存完整的羅馬式防禦用紅頂塔型建築。在14世紀時此塔被稱為金塔,原因是此塔的屋頂被鍍金的鉛片所覆蓋,但到16世紀時由於一場火災,使得塔面被濃煙燻黑,因此後來被稱為黑塔。值得注意的是在黑塔旁的站崗守衛處也可遠眺布拉格風景與一旁的葡萄樹栽種區,吸引許多遊客前往拍照。

**Hradčany**

玩家交流

## 如同天堂般美麗的全景花園——南側花園 Jižní zahrady 獨家推薦

🕐 4、10月10:00～18:00，5、9月10:00～19:00，6、7月10:00～21:00，8月10:00～20:00　MAP P.57

　　經過多年的整修與重建，終於在2011年重新開放的城堡區南側花園，是我個人覺得城堡區景觀最美的地區，整個南側花園是以3個花園：天堂花園(Rajská zahrad)、城牆花園(Zahrada Na Valech)、哈蒂格花園(Hartigovská zahrada)組合而成，目前只有哈蒂格花園需要收費，其他皆為免費。由於入口處並不顯眼，觀光客不多，是個難得鬧中取靜的地方，尤其是中庭有個向外延伸的看台，可以一覽布拉格全景，值得前往。

↓南側花園的城牆　　　　南側花園景色→

洛克維茲宮‧黑塔‧西班牙廳

---

### 布拉格城堡 一起來當灰姑娘走紅毯吧

# 西班牙廳

MAP P.56　Španělský sál　獨家推薦

　　從馬蒂亞城門口往第二庭院方向走，必定會穿越此迴廊，其中一側大型的華麗樓梯是通往城堡區最大的招待禮儀廳堂——西班牙廳，內部極致奢華的擺設，通常是做為國家禮儀聚會或大型酒會，平時不開放，但有時會當作音樂演奏或是慈善晚會，強烈建議如有機會碰到演奏會的話，記得前往參觀欣賞。

→西班牙廳入口處
↙↓西班牙廳內部

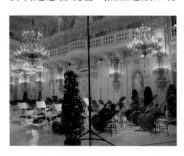

# 馬蒂亞城門

MAP P.56　Matyášova brána

連接著城堡廣場與第一庭院，為紀念神聖羅馬帝國國王馬蒂亞斯二世(Matthias II)，建造於17世紀的城門。其設計師為義大利建築師喬瓦尼‧瑪麗亞‧菲利皮(Giovanni Maria Filippi)，是波西

馬蒂亞城門與皇宮

米亞地區最早的巴洛克藝術作品。此門一開始並未與其他建築物相連，直到後來才設計與新皇宮連接。在第一庭院入口處有2座巴洛克風格戰鬥巨人像，此處總是聚集無數的觀光客爭先恐後地與駐守的衛兵拍照，導致捷克政府後來加上圍欄以防止觀光客打擾守衛站崗，但是民眾依然可以欣賞每小時的守衛交接儀式。

馬蒂亞城門與第一庭院

# 城堡守衛交接

MAP 見第一庭院P.56　Černá věž

✉ 城堡區第一庭院
🕐 夏天07:00～20:00，冬天07:00～18:00
http www.hrad.army.cz/index.html

城堡區的第一庭院守衛開始交接，總是吸引大批觀光客關注，所以想找個好觀賞位置的民眾需要提前抵達。除了每小時在城堡入口

重要官員參訪閱兵儀式

處的簡單換班交接外，中午12點是規模最大的交接儀式，包含音樂與交接旗幟儀式。

馬蒂亞城門口

城堡守衛

Hradčany

賞美景，為一趟旅程充電再出發　　玩家交流

第一庭院外的城堡廣場美景絕對不可錯過，全布拉格的美景都盡收眼底。如果一趟旅行走累了，想家了，我想此地的星巴克會是旅人最好的慰藉，相似的風格與友善熱情的服務，網路、廁所一應俱全，坐在城堡區內喝杯溫暖的咖啡，看著窗外不真實的美，安安靜靜地坐著寫張明信片給親友，一起分享這個時刻。這裡特別能感受布拉格的氛圍，店內更貼心附上星巴克小地圖與小毯子，讓人不容易著涼。在這裡好好充電再出發走向下個旅程吧！

## 布拉格光芒再現
# 羅瑞塔教堂
### Pražský Loveta

✉ Loretánské nám.7, 118 00 Praha 1
☎ 220 516 740
🕐 4~10月，每日09:00~12:15、13:00~17:00；
　 11~3月，每日09:30~12:15、13:00~16:00
💲 全票150克朗，學生票110克朗，家庭票(2名大
　 人＋15歲孩童) 310克朗
➡ 輕軌22號到Pohořelec
http www.loreta.cz
MAP P.56

羅瑞塔教堂是布拉格所有天主教堂中最精緻的一個，建於1626年，教堂為巴洛克式風格，開放式四方形空間的1樓迴廊是由數個禮拜堂環繞而成，中庭有仿義大利的神聖之家，2樓為羅瑞塔珍寶收藏展，最著名的是來自17世紀魯德米拉公爵夫人(Countess

教堂內部

Ludmila of Kolovrat)的聖體杖，以6,222顆鑽石鑲嵌而成，又稱布拉格太陽，令人嘆為觀止。而教堂內的鐘塔上有27組排鐘，每逢整點會響起歌頌聖母瑪麗亞的《千遍問候》，最特別的是其排鐘可調整任意曲調，如今羅瑞塔也會不定期舉辦排鐘音樂會。

聖體杖

教堂外部　　　　　　　　　　　　　　　教堂內部

## 修道院士的百寶藏書室
### 史特拉霍夫 圖書館
**獨家推薦**

**Strahovská knihovna**

✉ Strahovské nádvoří 1/132, 118 00, Praha 1
📞 233 107 718
🕐 每日09:00～12:00、13:00～17:00 (聖誕節、 復活節、4/20除外)
💲 全票100克朗，半票50克朗
➡ 輕軌22號到Pohořelec步行5分鐘
http www.strahovskyklaster.cz/library
MAP P.56

圖書館內部

　　位於羅瑞塔教堂上方的史特拉霍夫修道院，園區內包含教堂、藝廊、圖書館等景點，從此處可以觀看布拉格城堡。其中最值得前往的就是史特拉霍夫修道院圖書館，外表簡樸的修道院圖書館，內部藏有2間非常華麗的中世紀圖書室，依照書籍種類區分為神學室與哲學室，收藏了從9世紀到18世紀的重要典籍及5,000件手稿，存放在四面八方直逼頂棚的桃木書櫃中，更顯壯觀與高貴典雅。值得一提的是，除了從布拉格城堡第一廣場觀看布拉格全景外，想要觀看布拉格城堡的景觀，可以到位於城堡後方的史特拉霍夫修道院區參觀，且此區的紀念品店也較布拉格城堡區便宜。

史特拉霍夫修道院觀看美景

## 最早文藝復興的立體石砌建築
# 史汪森貝格宮
### Schwarzenberský palác

- ✉ Hradčanské nám. 2, 118 00, Praha 1
- ☎ 233 081 713
- 🕐 每日開放(除週一)10:00～18:00
- 💲 全票150克朗，半票80克朗，家庭票200克朗
- ➡ 輕軌22號至Pražský hrad走往城堡廣場
- http www.ngprague.cz
- MAP P.56

位於馬蒂亞城門旁的史汪森貝格宮，外觀天然石砌的立體效果與牆壁上的黑色裝飾，很難讓人忽略它的存在，最初屬於洛克維茲家族，直到1719年被貴族史汪森貝格買下。這是布拉格最早的義大利文藝復興風格建築之一，原為武器博物館，2002年後已經改為國家藝廊分館。

## 令人稱奇的天花板壁畫
# 史坦堡宮
### Šternberský palác

- ✉ Hradčanské nám. 15, 118 00, Prague 1
- ☎ 233 090 570
- 🕐 每日開放(除週一)10:00～18:00
- 💲 全票150克朗，半票80克朗，家庭票200克朗
- ➡ 輕軌22號至Pražský hrad走往城堡廣場
- http www.ngprague.cz
- MAP P.56

目前也是國家藝廊的其中一個分館，此棟建築是巴洛克式建築的重要代表作品之一，室內裝飾反映了建設的重要性，尤其是第三樓層天花板上的壁畫，更是讓人驚豔，對美術畫作有興趣的民眾可以前往此處觀賞。此外每年的博物館之夜會開門招待民眾免費參觀。

# 特色餐飲

## 全世界最美的星巴克？
# Starbucks城堡區星巴克分店

*獨家推薦*

- ✉ Ke Hradu, 118 00, Praha 1
- ☎ 257 214 725
- 🕐 每日09:00～20:00
- ➡ 輕軌22號至Pražský hrad走往城堡廣場
- 🌐 www.starbuckscoffee.cz
- 🗺 P.56

喜歡喝星巴克的朋友有福了！這間就坐落在城堡區廣場第一庭院旁，於2013年7月開張，擁有全布拉格最美的景色。上下共3層，不只有戶外觀賞風景區，也有室內的落地窗看台，冬天提供免費小毛毯避寒，夏天則提供戶外躺椅，讓人可以好好享受布拉格的美景。想蒐

集捷克馬克杯的大家也可以在此選購，店家提供免費的布拉格星巴克地圖，讓旅人可以好好充電休息。

## 溫室浪漫氛圍情侶最愛
# Villa Richter Restaurant

- ✉ Staré zámecké schody 6/251, 118 00, Praha 1
- ☎ 702 205 108
- 🕐 每日11:00～23:00
- ➡ 地鐵A線Malostranská往城堡方向走，或輕軌22號至Pražský hrad往城堡方向走
- 🌐 www.villarichter.cz
- 🗺 P.57

這間位在城堡區葡萄園旁有著像溫室般的採光空間，總是吸引許多人前往，尤

其優美的環境加上精緻的捷克當地料理，常需要提前預訂才能進入。如果不想走太遠，且希望來頓精緻高雅的晚餐，這邊絕對是個好選擇。常常也有許多新人在此舉辦婚禮或是婚宴晚餐，所以想要享受浪漫氛圍的情侶也可將此餐廳列入考慮。

Hradčany

## 典雅寧靜的西洋梨創意料理

# Restaurace U Zlaté Hrušky

✉ Nový Svět 77/3, 118 00, Praha-Hradčany
📞 220 941 24
🄲 每日11:00～01:00
➡ 輕軌22號至Brusnice
🔗 www.restaurantuzlatehrusky.cz
🅼 P.56

如果你希望拋開紛擾的觀光客，好好坐下來休息吃飯，這間隱藏在城堡區巷弄間的餐廳，絕對是你的好選擇。內部寧靜典雅，配上精緻且美味的料理，由於其餐廳名字為金色西洋梨，所以提供多種與西洋梨相關的創意料理，極富巧思。夏天開放位於對面的戶外用餐座位，讓人可以好好享受盛夏時光。

# 購物指南

城堡區內由於觀光客眾多，價格較高，所以不建議在此地購買紀念品，但是位於黃金巷內的許多商家都有特別的紀念品，例如可愛的鐵製書籤、銅器打造的刀劍類

或是相關盔甲武士防護用產品，如果非要在城堡區購買紀念品，可以前往史特拉霍夫修道院往城堡方向的店家。

87

# Malá Strana a Karlův most

# 小城區與查理大橋

位於伏爾塔瓦河左岸、城堡下方的小城區,由於中世紀的王公貴族皆在此興建宮殿,形成許多細膩精緻擁有巴洛克風格的建築,到現在仍然是許多歐美大使館與部分高級飯店與特色餐館的地區,比起老城和城堡區總是充斥著喧鬧吵雜的旅行團,此處添加了一些寧靜優雅的風格,值得細細品味,具有特色的小店也是此地居多。

# 熱門景點

## 一起找尋門牌浮雕的故事吧！
# 聶魯多娃街
**Nerudova ulice**

➡ 輕軌22、12、20號Malostranské náměstí或 從城堡區往下行走
🗺 P.58

二手書店

聶魯多娃街是從城堡往下走到 小城廣場通往查理大橋的主要道 路，也是舊時國王加冕的皇家之 路其中一段，所以依然保有中古世 紀的風格。由於古早房子上並沒有 以門牌號作為標記，所以建築師在 每個門口上以精緻浮雕或是壁畫 等方式作為標誌，以代表屋主的身 分地位與職業。如第12號屋浮雕上 的3把提琴，表示舊有主人為提琴 工匠，第27號屋的浮雕是黃金鑰 匙，顯示以前是金匠的工作地點。 如今大部分的房屋已改為酒店或 是商家為主，此街上有許多特色商 家與復古餐廳，再加上歐洲大使 館，值得好好停留觀賞。

街上具有特色的門牌浮雕裝飾

二手書店

城堡區往聶魯多娃街景

門牌浮雕裝飾都有其淵源

## 國會議院精緻景致的後花園
# 華倫史坦公園
### Valdštejnská zahrada

✉ Letenská, 110 00, Praha 1
☎ 257 075 707
🕐 4～10月，週一～五07:30～18:00、週末與國
定假日10:00～18:00；6～9月至19:00
➡ 地鐵A線Malostranská
http www.senat.cz
MAP P.59

公園內飼養的孔雀

公園眺望城堡區與景觀

　　地鐵站Malostranská出口旁有一個不起眼的小門，就是通往華倫史坦公園的入口。華倫史坦宮的公園，原為17世紀的Albrecht von Wallenstein將軍所有，目前為捷克國家上議會所在地，整座宮殿耗時6年打造完成。走進裡面就像進入《愛麗絲的奇幻世界》，首先映入眼簾的是寬敞的噴泉水池，後方則是城堡景觀，加上開放式的環境與維護良好的花園，使得孔雀與諸多小動物能自在地在身旁走跳，絲毫不畏懼遊客，讓人頓時心曠神怡。往內走則會看到仿鐘乳石的壁面與大型的貓頭鷹鳥籠。

## 迷你可愛歐洲巴洛克風區
# 小城區廣場
### Malostranské náměstí

➡ 輕軌22、12、20號Malostranské náměstí
MAP P.58

　　此處是連接城堡區與查理大橋的中間站，由於電車停靠方便且周圍特色餐廳與商家環繞，不論何時總是充滿著遊客。小城區廣場被

下廣場

上廣場

著名的聖尼古拉斯教堂分切成上下兩部分，上半主要是聖尼古拉斯教堂與黑死病紀念柱(又稱聖三位一體紀念柱)，往上走可通往布拉格城堡區，下半則包括尼古拉斯教堂鐘塔入口與捷克下議會開會地點，也是通往查理大橋必經之處。值得一提的是，此處自18世紀後幾乎沒有新建任何建築物，所以帶有濃厚的歐洲歷史氣息。

**獨家推薦**

## 維特巴花園 Vrtbovska zahrada

**玩家交流**

- ✉ Karmelitská 373/25, Malá Strana, 118 00, Praha 1
- ☎ 272 088 350
- 🕐 4～10月10:00～19:00
- 💲 成人62克朗，學生孩童52克朗，家庭票170克朗
- ➡ 輕軌22、12、20號Malostranské náměstí
- http www.vrtbovska.cz/en
- MAP P.59

花園內部景觀

花園內部景觀

　　即便迷路在布拉格的小巷弄中，也可以找尋到令人意外的驚喜。這個花園的入口處藏身在住家門內，使得遊客稀少，但卻是布拉格最美的巴洛克式花園，也是新人舉辦婚禮的熱門地。強烈建議走到最上層的觀景台，可以將小城區與城堡區盡收眼底。創始於1720年，花園內藏有許多雕像與濕壁畫，由於後期疏於維護，所以損毀嚴重，於1990年花了8年的時間重新管理維護後開放，並添加鳥類動物與小型美術展覽室。

**獨一無二的壯觀圓頂濕壁畫**

# 聖尼古拉斯教堂

## Kostel sv. Mikuláše na Malé Straně

- ✉ Malostranské náměstí Praha 1
- ☎ 257 534 215
- 🕐 11～2月09:00～16:00；3～10月09:00～17:00；12/31關閉
- 💲 成人70克朗，半票50克朗
- ➡ 輕軌22、12、20號Malostranské náměstí
- http www.stnicholas.cz/en
- MAP P.58

　　此教堂容易與老城廣場的聖尼古拉斯教堂混淆，但其巴洛克風格的綠色圓頂是眾人耳熟能詳的代表性地標。此教堂是Dientzenhofer父子歷經半世紀建造完成，進入教堂內部抬頭可看到直徑達20公尺、高49公尺，壯觀的圓頂濕壁畫，還有教壇的繪畫與聖者雕像，皆華麗又壯觀。1787年音樂才子莫札特更在此教堂演奏而聲名大噪，目前教堂晚間都會開放為音樂演奏會的場地。如果想要觀看小城區風景的民眾，也可以前往聖尼古拉斯教堂側邊開放的塔樓。

教堂內部漂亮的圓頂濕壁畫

尼古拉斯教堂與其鐘塔

## 華麗服飾的聖嬰博物館
# 勝利聖母教堂
# (聖嬰教堂)
### Kostel Panny Marie Vítězné

教堂外觀　　　　　相關紀念品

✉ Karmelitská 9, 118 00, Praha 1
📞 257 533 646
🕐 週一~六09:30~17:30，週日13:00~18:00
　 (12/24、12/25、復活節前週五關閉)
➡ 輕軌22、12、20至Hellichova
🌐 www.pragjesu.info
🗺 P.59

　　在許多紀念品店都有販售穿著道袍的聖嬰就是源自此教堂，因

聖誕節教堂活動

1621年白山之役的軍隊向聖母瑪莉亞祈禱，軍隊獲得勝利後便以此命名。教堂祭壇上供奉著一尊聖嬰雕像，相傳是1628年來自於西班牙的小雕像，由洛克維茲家族的夫人捐給此修道院，而後保護了布拉格的這個區域免於瘟疫與30年戰爭的破壞，至今仍有大批朝聖者固定前來朝聖，不僅來自各界的捐獻者會貢獻許多華麗的服飾給聖嬰雕像，館方也固定會做衣服的更換，在教堂2樓更展出部分服飾供人參觀。

## 布拉格市民的後花園與野餐地
# 佩特辛公園
### Petřín

➡ 搭纜車至Újezd
🗺 P.54、P.58

　　佩特辛山就像是臺北的陽明山那樣的具代表性，踏青健行老少咸宜，夏天可以看見躺在草皮上享受日光浴和野餐的民眾，冬天下雪則吸引民眾到山上打雪戰，雖然高度僅318公尺，但占地遼闊的佩特辛山除了有高處的瞭望塔，還設有天文館、共產主義受難碑、飢餓之牆、玫瑰園等，是個讓人們放鬆心情的好去處。前往佩特辛公園除了走路之外，也可以使用大眾運輸票

搭乘纜車。值得一提的是，上方的瞭望塔建於1891年，是布拉格博覽會的百年紀念之一，外型仿造巴黎艾菲爾鐵塔，塔高63.5公尺，其海拔高度與艾菲爾鐵塔一致，又有小巴黎鐵塔之稱。此外，佩特辛公園可以看到部分城牆的遺跡，據說是1360年查理四世為了讓百姓脫離貧困，所以邀請眾人前往建造此牆，別稱為飢餓之牆。

小巴黎鐵塔春天景色

公園內的哈哈鏡宮

## 布拉格的威尼斯
# 坎帕島
### Kampa

➡️ 從查理大橋上走下去，或是搭乘
輕軌12、20、22至Újezd

🗺️ P.59

走上查理大橋往老城廣場方向，橋上有個階梯可以往下走，便通到這座迷你島，它是條小溪分流切過的小島，有布拉格威尼斯之稱，從17到20世紀時，許多陶藝工作者在此工作生活，所以每年會舉辦陶器市集，吸引許多遊客前往。除此之外，島上有坎帕露天藝術博物館與開放式現代

Kampa現代藝術景色

電影博物館

島上風景

藝術裝飾品，可以在此看到雕塑家黑大衛(David Černý)的作品，加上碧茵如洗的草坪與河邊景致，吸引許多捷克人在此野餐休憩。島上仍有許多特色餐廳、酒店與不定時的市集活動，喜歡的人可以前往參觀。

知 識 充 電 站

### 黑大衛(David Černý)

在布拉格旅行，很難不看到這個備受爭議又趣味的在地雕塑家——黑大衛的作品。一開始是在1991年，他勇敢地將蘇聯坦克車漆成粉紅色，諷刺蘇聯專制主義，而後又因捷克輪值歐盟主席國時所做的公共藝術作品Eutropa飽受國際輿論

盧森納大樓    Quadrio購物中心

批評。不過這位創意無限、不受控制的黑大衛，總是希望大家以輕鬆詼諧的態度去面對他的作品。像是在布拉格卡夫卡博物館前，2個男人站在捷克國土造型上尿尿；2012年倫敦奧運創造會做伏地挺身的雙層巴士；2013年創造一個巨型中指放在伏爾塔瓦河上……等隨處都可以看見他的創意，特別的是他本人很少對他的作品提出深度的解釋與評論，留給大家許多想像的空間。來到布拉格別忘了去尋訪他作品的蹤跡！

Futura藝廊

布
拉
格
──
小
城
區
與
查
理
大
橋

勝
利
聖
母
教
堂
(聖
嬰
教
堂)
・
佩
特
辛
公
園
・
坎
帕
島

93

## 追求自由的渴望與宣洩
# 約翰·藍儂之牆
**Lennonova zed'**

✉ Velkopřevorské náměstí, 100 00,Praha 1
➡ 從查理大橋向下走到坎帕島,或是搭乘輕軌
　12、20、22至Újezd
MAP P.59

　　坎帕島上另外一個特點,就是位於法國大使館對面的約翰·藍儂(John Winston Lennon)之牆,此牆面與約翰·藍儂並沒有直接關係,而是1980年代起,人們開始在這面牆上塗寫約翰·藍儂風格的塗鴉歌詞,以表示對他的懷念,也是年輕人為了發洩對共產主義的不滿與追求自由的渴望,雖然屢屢遭共產警察抹去,但總會有人再放上新創作,直到捷克脫離蘇聯後,政府才同意開放此面牆讓眾人塗寫。

## 愛情的運轉見證
# 鎖鏈橋與老水車
**Velkopřevorský Mlyn**

✉ Hroznova 3, 110 00, Praha 1
📞 257 532 162
➡ 從查理大橋向下走到坎帕島,或是搭乘輕軌
　12、20、22至Újezd前往坎帕島
MAP P.59

　　通往約翰藍儂之牆旁邊有座小橋,上面布滿無數的鎖頭,鎖住大家對愛情的期許與祝福。後面的老水車不時還會運轉,但是已無實際用途,目前為老水車餐廳的一部分。

鎖鏈橋

老水車

## 迷你世界聚集地
# 歐美大使館街
**Ulice Tržiště**

➡ 輕軌22、12、20號Malostranské náměstí
MAP P.58

　　與聶魯多娃街平行的Tržiště街上有許多歐美的大使館,所有往來的車輛都需通過24小時警衛的盤檢,各使館都擁有碩大的花園與會館,美國大使館還曾被當作《不可能的任務》場景,此條街通往城堡區的街上也充滿許多高檔酒店、特色店家與咖啡館,值得前往一探。

街上特色店家

## 詼諧逗趣的卡夫卡
# 卡夫卡博物館
### Franz Kafka Museum

- ✉ Cihelná 2b, 118 00, Praha 1
- ☎ 257 535 373
- ◷ 每日10:00～18:00
- 💲 成人200克朗，學生老人殘障人士120克朗，家庭票540克朗
- ➡ 地鐵A線Malostranská，步行約7分鐘
- http www.kafkamuseum.cz
- MAP P.59

　　弗朗茨・卡夫卡(Franz Kafka)，是20世紀捷克最重要的人物之一，他一輩子都住在布拉格，從他的作品中可以體會他對這座城市的愛，布拉格充滿了他的回憶與紀錄。在此博物館可以看到各式收藏，如書信、手稿、研究報告等，卡夫卡迷們記得前往一覽。順帶一提，在進入卡夫卡博物館之前，會看到2尊正在撒尿的人像站在以捷克國圖為雛形的池子上，這又是一個黑大衛幽默詼諧的作品。

卡夫卡博物館入口

入口處的黑大衛雕塑作品

獨家推薦

## 典雅小宮殿展現捷克民俗之美
# 國家民俗博物館
### Národopisné muzeum-Musaion

- ✉ Kinského zahrada 98, 150 00, Praha 5
- ☎ 257 214 806
- ◷ 週二～日10:00～18:00
- 💲 全票70克朗，孩童學生殘障人士40克朗，家庭票110克朗
- ➡ 輕軌9、12、20至Švandovo divadlo
- http www.nm.cz
- MAP P.58

　　坐落在佩特辛山腳下非常幽靜又浪漫的民俗博物館，始建於1827年，原為避暑房舍。入口處被整片綠意盎然的樹木環繞著。位於噴水池後方的博物館則有如小型宮殿般典雅，裡面展出許多捷克傳統服飾與工藝，不定期還有傳統民俗表演，經重新整修後，於2007年榮獲年度最佳博物館。

博物館外觀

館內傳統工藝製作

## 屹立不搖的捷克精神與延續象徵

# 查理大橋
### Karlův most

➡ 輕軌22、12、20號到Malostranské náměstí；
或輕軌17、18至Karlovy lázně；或從地鐵A線
Staroměstská步行約5分鐘
🅜 P.54、P.58

總是被遊客觸摸發亮的雕像

來到布拉格如果沒有走上查理大橋，就像到了巴黎沒有看到羅浮宮一樣失去其重要意義，這條橋不僅橫跨了小城區與老城區，也跨越500年的捷克歷史，見證其沒落與風華再現。最早在12世紀以皇后之名命為茱蒂斯橋(Juditin most)，但到了1342年遭洪水沖垮，直到1357年查理四世開始重建後，18世紀才命名為查理大橋，其建築師與城堡區聖維特大教堂的主建築師一樣是Peter Parler。這座橋也是波西米亞國王進行加冕典禮的必經之路。

整座橋長516公尺，寬約10公尺，有16個橋拱，橋上有30尊雕像，多數為巴洛克風格的複製品，大多是Braun與

聖內波穆克

Brokoff的作品，原作被分散在高堡區與國家博物館分館內。所有雕像內最受矚目的是聖內波穆克雕像(St. Nepomuk)，當時聖內波穆克身為皇后的告解師，瓦茨拉夫四世逼迫他說出皇后的祕密，但是他為了遵守神職堅決不說，在此雕像的浮雕版位置被丟下查理大橋，據說他被丟下去的當晚升起了5顆星星，因而被追封為聖徒。傳說觸摸此浮雕並且許下願望就會實現，因此吸引大批觀光客前往。

此橋的石塊混漿在之後被發現有使用雞蛋等有機成分，並歷經500年仍堅定不搖。不只如此，此橋也見證許多歷史事件，如1621年27名反對哈布斯王朝的領袖在此被處死，並被展示在橋頭；1648年瑞典軍隊占領布拉格，戰鬥過程

Strana a Karlův most

### 橋上風情多趣味

**玩家交流**

　　想要把布拉格的房子帶回家嗎!？不妨看看橋上布拉格小房子模型或磁鐵的價格，有稍微便宜一些。想要乘坐遊船的民眾，不妨從查理大橋老城橋塔沿河朝魯道夫音樂廳方向尋找船家，貨比三家再做選擇。

　　查理大橋附近的紀念品店與換錢費率不是很優惠，建議還是前往推薦處(請看旅遊黃頁簿P.251)換取。查理大橋上的雕像多為仿造，真跡分別存放在高堡區*Gorlice*與布拉格世貿的*Lapidárium*館內。

**查理大橋**

就發生在查理大橋上；1866年，第一個電燈被豎立在橋上；1870年，第一條公共馬車軌道通過查理大橋，但是由於交通量遽增，為防止破壞查理大橋，1965年起進行重整維修，讓橋體與橋面維持穩定，且禁止各項交通運輸通過，到目前為止還是會定期對查理大橋進行古蹟維護。

通往老城方向的橋塔有上下2層樓，並有豐富的哥德式雕刻作品，包括查理四世與他的兒子瓦茨拉夫，是保護所有捷克人民的象徵，喜歡拍照的朋友千萬別錯過此處的景觀，可以捕捉查理大橋全景。目前橋上每天聚集著許多擁有捷克政府所發放執照的藝術家與音樂家，所以可以在此處買到許多特別的小紀念品或是聽到各種演奏，活生生是個露天的雕像與藝術博物館。

小城區橋塔　　老城區橋塔　　Bruncvik雕像

# 購物指南

小城區蜿蜒的小巷中總是藏著非常有特色的店家，且價格比老城和城堡區稍低一點，是購物的好選擇之一。

## 把布拉格的小房子帶回家
### 白蘋果
### U Bílého Jablka

- ✉ Úvoz 1,118 00,Praha 1
- 🕐 每日09:00～18:00
- ➡ 輕軌22、12、20號至Malostranské náměstí 沿著Nerudova街往上走
- 🗺 P.58

你喜歡布拉格七彩繽紛的各樣房子嗎？這間全是手工製作的小房子模型店，擁有其他店家沒有的精緻雕刻和手工打造品質，雖然價格高昂，但是其品質與一般紀念品店的小房子有極大的差異，且製作的數量眾多，如果想將布拉格可愛的小房子都帶回家，記得前往此處參觀選購。

純手工精緻打造

## 點火品嘗高濃度酒精飲品
### 苦艾酒店Absinth

- ✉ Úvoz 1,118 00,Praha 1
- ➡ 輕軌22、12、20至Malostranské náměstí沿著Nerudova街往上走
- 🌐 www.absinth-shop.cz
- 🗺 P.58

店家門口

門口滿滿的綠色精靈圖案很難不被吸引，此店家是給想嘗試高濃度酒精——苦艾酒的遊客，有個機會可以參觀並坐下來品嘗這個酒精液體。如果不敢嘗試的民眾，也可以試試看夏季推出的苦艾酒冰淇淋。傳統的捷克喝法是將一顆方糖浸泡於苦艾酒後拿出，點火燃燒，放置在特殊的湯匙上等方糖溶化後掉入苦艾酒中來喝，據說許多知名捷克劇作家的靈感，都是在飲酒之後得到啟發。請注意飲酒過量，有礙健康。

## 手工木偶個個與眾不同
### 木偶店OBCHOD LOUTKAMI

- ✉ Nerudova 51, Praha 1
- ➡ 輕軌22、12、20至Malostranské náměstí沿著Nerudova街往上走
- 🌐 www.loutky.cz
- 🗺 P.58

有著捷克傳統雙開門的老牌木偶店，其門板可以隨意拉動來操作

傳統手工木偶

玩偶的表情，常常吸引許多遊客的注目，且木門裝飾常依照捷克社會局勢來改變門板人物的造型，目前是放上可愛的外交部長史汪森柏格的頭像，非常可愛逗趣。每一個木偶都有其故事與手工製作者的介紹與署名，如果想要收藏與眾不同的木偶可以前往此處尋找。

## 古典配方添加新式口味
# 布拉格巧克力店
## Pražská čokoláda

*獨家推薦*

✉ Nerudova 46, 118 00, Praha 1
☎ 734 156 611
🕐 每日10:00～20:00
➡ 輕軌22、12、20至Malostranské náměstí沿著Nerudova街往上走
🌐 www.prazskacokolada.cz
📍 P.58

　　這間專門販賣巧克力的新店家，依循古老的巧克力品牌Nachfolger配方加上新口味，在短時間內吸引了大批民眾的關注與購買，特別的是此店家擁有漂亮特別的木製、鐵製禮盒，有核果、牛奶、黑巧克力等眾多口味，送禮或自用都很適合，且店家服務態度大方，會提供客人品嘗試吃，是個不錯的選擇；其中杏仁牛奶巧克力非常的受歡迎，是店內的招牌口味。

店門口熱情招待試吃的店員

店內各式各樣巧克力

## 精美獨特的陶製裝飾品
# Obchod Vším Možným

✉ Nerudova 47, 118 00, Praha 1
➡ 輕軌22、12、20至Malostranské náměstí沿著Nerudova街往上走
🌐 www.loutky.cz
📍 P.58

　　這個整間充滿懸吊的陶瓷裝飾用品店，有為數眾多的手工陶製熱氣球與裝飾品，加上店家依然使用古老的收銀機非常吸睛，如果喜歡陶製裝飾品的民眾一定要前往此處。

店家內部

## 雅緻古典且平價的波蘭瓷器
# Elima Keramika

✉ Jánský vršek 5 , 118 00, Praha 1
🕐 每日10:30～18:00
🌐 www.elimashop.cz
📍 P.58

　　由於捷克鄰近波蘭，所以在此也可以買到色彩繽紛的波蘭瓷器品，尤其是獨一無二手工燒製的陶器品與特製的盤子，後方都有特別的編號來表示品質保證，不管是收藏或是拿來自用都非常有特色與紀念價值，且價格並非特別昂貴，值得前往一看。

# 特色餐飲

## 與美景共享清爽美味捷克素食
# Lo Veg

- ✉ Nerudova 36, 118 00, Praha 1
- ☎ 702 901 060
- ⏰ 每日11:30～20:00
- ➡ 輕軌22、12、20至Malostranské náměsti沿著Nerudova街往上走
- 🌐 www.loveg.cz
- 📍 P.58

　　吃遍了大魚大肉，想要來點清淡又不失美味的捷克素食嗎？位在聶魯多娃街上不起眼的餐廳入口，需要扶階梯而上。餐廳內部的迷你陽台區域可以看到美麗的小城區風景，非常令人驚艷，而且店家將傳統的捷克佳餚Svíčková製作成素食口感，卻也不失其風味，是素食愛好者的好選擇之一。由於陽台區座位不多，強烈建議提前預約座位。

## 舒適典雅的週末好去處
# Bella Vida café

- ✉ Malostranské nábřeží 563/3, 118 00, Praha
- ☎ 221 710 494
- ⏰ 每日08:30～21:00
- ➡ 輕軌9、12、20、22號至Újezd步行3分鐘
- 🌐 www.bvcafe.cz
- 📍 P.59

　　喜歡典雅書卷咖啡香的朋友，絕對不要錯過此間。位於坎帕島與Cafe Savoy中的店家，用餐氣氛十分優雅，內部擺設的大沙發、純木書櫃與地板，看起來漂亮、坐起來舒服，內部也附設孩童遊戲區，是想要好好享受下午茶的父母非常好的選擇。週末早上有新鮮現做的鬆餅，高人氣的奶油雞肉現煮義大利麵非常好吃，是捷克人喜愛的店家之一。

## 品味精純傳統啤酒酒吧風
# Kolkovna Olympia

- ✉ V Kolkovně 8, 110 00, Praha 1
- ☎ 224 819 701
- ⏰ 每日11:00～00:00
- ➡ 輕軌9、12、20、22號至Újezd
- http www.vkolkovne.cz/en
- MAP P.59

在Savoy旁邊的第一間布拉格皮爾森啤酒餐廳，創始於1920年，其皮爾森啤酒極純，品質亦非常好，還獲得皮爾森啤酒廠頒發的證書。內部擺設依然按照古早設計並保有舊時的裝潢，且部分擺設用品是來自於皮爾森博物館。獨特優美的傳統酒吧臺，搭配傳統美味的捷克美食，讓夜晚時常人聲鼎沸，想要體會捷克傳統啤酒小酒吧的人不容錯過。

外觀

用餐環境

## 小巧迷人的輕食早餐名店
# Cukrkávalimonáda

- ✉ Lázeňská 7, 110 00, Praha 1
- ☎ 257 225 396
- ⏰ 每日09:00～19:00
- ➡ 輕軌12、20、22號至Hellichova步行5分鐘
- http www.cukrkavalimonada.com/en
- MAP P.59

可愛的店名與小巧精緻的環境，配上開放式的吧臺，五顏六色的水果與蛋糕看起來非常可口，店內有保存良好的木製彩繪梁柱，非常美麗。其新鮮的水果汁、巧克力與蛋糕，加上人氣相當高的煎餅，適合喜歡品嘗早餐與輕食的民眾。但由於此處也是旅館，所以常常客滿，提醒要用餐的民眾提早前往。

布拉格—小城區與查理大橋　特色餐飲

101

店門口特殊傳統雙開門造型

## ▌歐式風格可愛造型糕點店
# U knoflíčků

百年老店

✉ Újezd 17/412, Praha 1

☎ 777 235 139

🕐 週一～五09:00～18:30，週六、日10:00～18:30

➡ 輕軌9、12、20、22號至Újezd

🌐 www.uknoflicku.cz

🗺 P.59

這間百年甜點店，位在佩特辛公園纜車站附近，要前往小城廣場的民眾，相信都很難不被它傳統捷克雙開門與白色窗戶的可愛手繪風格所吸引。每每從外頭往窗內看，都讓人覺得非常浪漫優雅。內部裝潢走昏黃的蘋果燈風格，除了糕點外，最有名的是訂做的造型蛋糕，非常受到捷克人喜愛。

內部可愛的歐風擺設

店內茶點

## ▌品味高質感鴨肉料理
# U Modré Kachničky

✉ Nebovidská 6,118 00, Praha 1

☎ 257 320 308

🕐 每日12:00～16:00，18:30～00:00

➡ 輕軌12、20、22號至Hellichova步行5分鐘

🌐 www.umodrekachnicky.cz

🗺 P.59

如果想在高檔優雅的環境下品嘗鴨肉料理，那可別忘了這間擁有高人氣的鴨肉店，內部裝潢非常的奢華復古，高品質的服務會讓人誤以為來到了米其林餐廳，除此之外也可以在飯後點杯紅酒，讓整個用餐時光頓時變得輕鬆愜意，用餐時段建議大家提前預訂。

## 迷你地下酒窖暢享美酒
# U staré studny

✉ Tržiště 371/3, 118 00, Praha 1
☎ 257 530 582
🕐 週一～六16:00～01:00，週日16:00～23:00
➡ 輕軌12、20、22號至Malostranské náměstí
http www.ustarestudny.cz
MAP P.58

　　不起眼的店門口，卻是內藏地道的品酒地。這間迷你的地下酒窖不供應正式餐點，但是提供許

多下酒的小點心，復古裝飾十分用心，寧靜的環境適合放鬆心情，與三五好友來此享受慵懶的時光。由於開放時間從下午4點至夜晚，所以非常適合想在睡前來杯紅白酒的民眾，小酒館過去獲得許多證書，部分時間還會開放品酒活動。

## 廣受歡迎的傳統創意料理
# U Magistra Kelly　獨家推薦

✉ Šporkova 521/5, 118 00, Praha 1
☎ 257 217 770
🕐 每日12:00～23:00
➡ 輕軌12,20,22號至Malostranské náměstí
http www.umagistrakelly.cz
MAP P.58

　　在小城區大使館街德國大使館前，有一個非常不起眼且迷你的捷克皮爾森餐廳，但裡面卻充滿人

潮。店家除了提供傳統的捷克創意料理外，也提供美味的前菜，想吃捷克燉牛肉(Guláš)的民眾，千萬不要錯過這個物超所值的小店。只是由於用餐時間人潮眾多，建議事前預訂。

# Staré Město a Josefov
# 老城區與猶太區

概況導覽

從小城區跨過查理大橋，就是有名的老城區與猶太區，猶太區由於不大，所以是整個被老城區給包覆在內。老城區從早到晚總是充滿著遊客，因而非常熱鬧。此處也是布拉格最早有居民居住的地方之一，過往許多市集與居民集會、貿易都在此舉行。國王瓦茨拉夫也賜給人民市鎮自治權，所以最早形成的布拉格城鎮Město Pražské就是指此區。目前因歷史名建築與美麗的天文鐘、老城廣場，以及卡夫卡的代表猶太區，都吸引許多遊客佇足停留。

# 熱門景點

## 與查理四世一起貼近合照吧！
# 十字軍廣場
### Křižovnické náměstí

➡ 輕軌22、12、20號至Malostranské náměstí，
或輕軌17、18至Karlovy lázně，或從地鐵A線
Staroměstská步行約5分鐘

🗺 P.60

聖方濟教堂

位於查理大橋橋墩和聖方濟教堂間的十字軍廣場，是布拉格最

十字軍廣場與查理四世雕像

小的廣場之一，卻是個人滿為患的地點。名稱源自北側的紅十字星騎士會修道院，目前廣場上矗立著查理大橋橋塔上最吸睛的查理四世雕像(為了慶祝查理大學建校500週年紀念而建立)，還有聖方濟教堂與查理大橋博物館。順帶一提，此廣場可以欣賞到查理大橋美麗的風景。

## 小木偶們的表演秀
# 國家木偶劇院與博物館
### Národní divadlo marionet

✉ Žatecká 98/1,110 00, Praha1
📞 724 367 126
🕐 每日10:00～20:00
💲 全票590克朗，半票490克朗
➡ 輕軌22、12、20號至Malostranské náměstí；
或輕軌17、18至Karlovy lázně；或從地鐵A線
Staroměstská步行約5分鐘
🌐 www.mozart.cz
🗺 P.60

捷克的特色之一就是有許多手工精緻的木偶，利用拉線與機動的原理，讓木偶變得活潑生動，進而發展出木偶劇。路上林立的木偶劇院，其中最正統且隸屬於

國家的木偶劇院受到當地人的愛戴，並且代表國家在2010年上海世博參展表演，家長可以帶孩童前往參觀。

浩瀚無敵的天文藏書與360度美景

# 克萊門特學院
## Klementinum

✉ Mariánské námesti 5, Praha 1

📞 222 220 879

🕐 4月～10月，每日10:00～19:00

💲 成人220克朗，孩童學生140克朗，6歲以下免費，演奏會+導覽門票650克朗

➡ 輕軌22、12、20號至Malostranské náměstí；或輕軌17、18到Karlovy lázně；或從地鐵A線Staroměstská步行約5分鐘

http www.klementinum.com

MAP P.60

　　查理大橋前有座龐大的建築體——克萊門特學院，它不僅重要，而且在學術上占有極高的地位。克萊門特學院是全布拉格僅次於布拉格城堡的第二大複合式建築，封閉式的架構主要分為5個中庭、2個教堂、3個禮拜堂，以及2個塔樓，也是目前國家圖書館的一部分。

　　11世紀時，此地原為一個小禮拜堂，到16世紀變成全世界第三大的耶穌會大學，17世紀併入查理大學與其圖書館，18世紀更建

塔樓與其複合式建築

塔樓遠看城堡區

1樓內部教堂

構了天文台，並從當時起記錄捷克天文氣象觀測資料至今，可說是世界上少數具有如此龐大準確數字的天文數據庫，曾經有許多著名的天文學家與查理大學的名人們都在此做研究與學習，非常具有歷史學術價值。圖書館內藏有大量的中世紀手工圖書與精美的地球儀，非常值得一看。位於1樓的鏡子禮拜堂，以當時獨一無二的天花板鏡面反射工藝製成，而68公尺高的天文塔樓則展示著舊時天文學家們觀察星象與測量時間的方式，至今尚可使用。

　　在塔樓上能360度觀賞到布拉格美麗動人的風景，是不可錯過景點之一。

塔樓觀看提恩教堂

## 查理街Karlova ulice

玩家交流

➡️ 輕軌22、12、20號到Malostranské náměstí；或輕軌17、18至Karlovy lázně；或從地鐵A線Staroměstská步行約5分鐘
🗺️ P.60

　　這條綿延曲折的查理街總是人聲鼎沸，古時候此路是國王加冕之路的一部分，也是目前主要貫通查理大橋與老城廣場的道路，至今商家林立依舊人滿為患。路上的建築與石磚依然保有原始風貌，也充分表現出

清晨難得可見無人的查理街

各時期的建築特色，街上的克萊門特學院、175號的Dům U Zlaté studně、188號的Dům U Francouzské koruny等都擁有獨特的建築雕刻裝飾作品。由於路上多數攤販會販售黑光劇、木偶劇、音樂會等票券，但還是建議前往國家劇院、魯道夫音樂廳、市民會館等國家級劇院較為便宜值得。

### 捷克民族音樂作曲之父
# 史邁坦納博物館
**Muzeum Bedřicha Smetany**

✉️ Novotného lávka 1, 110 00, Praha 1
📞 222 220 082
🕐 每日開放(除週二)10:00～17:00
💲 全票50克朗，半票30克朗
➡️ 輕軌22、12、20號到Malostranské náměstí；或輕軌17、18至Karlovy lázně；或從地鐵A線Staroměstská步行約5分鐘
🌐 www.nm.cz
🗺️ P.60

　　出生於利托什梅爾(Litomyšl)的史邁坦納，可以說是捷克音樂作曲之父，其創作充分表現他的愛國情操與精神。歷經妻兒過世與晚年失聰，到最後送到精神病院，都沒有打擊他對音樂的喜愛熱忱，更在失聰後創造了最膾炙人口的歷史名曲《我的祖國》，至今每年布拉格之春音樂季(Pražské jaro)，都以此樂曲為開場以表示對他的敬重與緬懷。此博物館坐落在查理大橋旁河畔，原是以新文藝復興風格改建的自來水廠，內部展示許多史邁坦納生前的樂譜、書信、鋼琴等遺物，最特別的是民眾可以站上指揮台使用感應式的指揮棒，選擇自己想聽的樂曲，十足過過當指揮家的癮。

博物館外觀與雕像

博物館內部

## 遠古騎士們的聚集地

# 聖方濟史拉分尼教堂

### Sv. Františka Serafínského

➡ 輕軌22、12、20號至Malostranské náměstí；
或輕軌17、18至Karlovy lázně；或從地鐵A線
Staroměstská步行約5分鐘

🗺 P.60

聖內波穆克慶典的人潮

位於查理大橋聖十字軍廣場旁的聖方濟史拉分尼教堂，原是聖十字騎士的修道院，內部圓頂上有《最後的審判》壁畫，外牆的雕像為聖瓦茲拉夫、聖約翰內波穆克，以及聖母瑪利亞，每年的聖約翰內波穆克節都會在此聚集祈禱祝福，目前晚間大多作為演奏會使用場地。

---

## 書中自有黃金屋

# 布拉格市立圖書館

### Městská knihovna v Praze

✉ Klementinum 190, 110 00, Praha 1
📞 221 663 111
🕐 週一～六09:00～19:00
➡ 輕軌22、12、20號至Malostranské náměstí；
或輕軌17、18至Karlovy lázně；或從地鐵A線
Starom stská步行約5分鐘
🌐 www.nkp.cz
🗺 P.60

布拉格市立圖書館，是開放大眾閱讀與借書的地方，進門入口處擺了一個以各種書籍做成裝飾的雕塑品，讓人們可以將頭伸進去觀看內部反射的鏡子，就好像在隱喻書中浩瀚淵博的知識沒有止境一般。此處有時也會舉行各種說明會或電影放映活動，非常受到市民的喜愛。

圖書館入口處的裝置藝術品

布拉格市立圖書館外觀

## 歷史與文化知性之美麗宮殿

# 克拉姆─葛拉斯宮

## Clam-Gallasův palác

- ✉ Husova 158/20, 110 00, Praha 1
- ☎ 236 001 111
- ➡ 巴士294號至Mariánské náměstí或老城廣場步行5分鐘即可
- MAP P.60

　　從查理大橋往老城廣場的路上，在Husova 20號有棟巴洛克風格建築，門面以兩對希臘神話

入口

內部

石巨人赫克力斯承擔重量。這是18世紀奧地利外交官葛拉斯伯爵的建物，現在作為布拉格市檔案館使用，且不定期舉辦各種文化活動。內部的天花板畫作與樓梯都呈現精美細膩的風格。宮殿的北面是著名的特雷莎噴泉(Kašna Terezka)。

## 捷克歷史繁華再現

# 老城廣場

## Staroměstské náměstí

- ➡ 地鐵A線至Staroměstská、Můstek或地鐵B線至Náměstí Republiky
- MAP P.61

　　擁有900多年歷史的老城廣場，以紀念楊‧胡斯(Jan Hus)的紀念碑為中心，周圍環繞著哥德式的提恩教堂、巴洛克式的聖尼古拉斯教堂、洛可可風格的金斯基宮，以及

立體派的石鐘屋，呈現出多樣化的歷史建物，更有舉世聞名的天文鐘與舊市政廳。

老城廣場子午線

　　廣場上經常舉行許多大型活動或傳統市集，也是國王皇家之路通往查理大橋所經之處。由於此廣場連接查理大橋、新城區、猶太區，至今依然保有其原始風貌，所以吸引許多遊客的聚集。值得注意的是，在老城廣場上有一個不甚起眼、鋪設在地面石磚間、以捷克文與拉丁語寫著測量時間的子午線。

觀光客與街頭藝人

## 老城廣場 為了宗教而奮鬥的烈士
# 胡斯雕像
**MAP** P.61 Pomník mistra Jana Husa

捷克的宗教精神領袖——胡斯 (Jan Hus)，其紀念雕像坐落在著名的老城廣場正中心，胡斯雕像是由1915年拉迪斯拉夫夏隆所雕刻以紀念胡斯500年冥誕的作品。

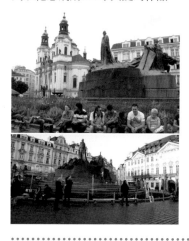

## 老城廣場 走進圍繞古井的文藝復興風格
# 小廣場
**MAP** P.61 Malé náměstí

一分鐘之屋後方的小廣場有個從文藝復興時代起就很知名的古井，外側以精緻的金屬圍欄包圍，後方的VJ Rott房子上所繪精美的壁畫，是Mikoláš Aleš的作品。值得注意的是，周遭圍繞此井的房子上，多數都有奇特的雕飾或是家徽，以凸顯自己的身分與地位。

廣場全景

## 老城廣場 追尋卡夫卡的蹤跡
# 一分鐘之屋
**MAP** P.61 Dům U Minuty

在市政廳旁的一分鐘之屋，其名稱來源已無法得知，不過這牆面上有著細緻的雕刻，述說著聖經與神話故事。最早為一間藥局，藥局老闆請人將白獅雕刻在屋上，最後擁有此房屋的人則是知名的卡夫卡一家人。

## 老城廣場 石聖母的庇祐
# 斯托胡之家
**MAP** P.61 Štorchův dům

通往火藥塔與市民會場的方向，有一棟擁有華麗壁畫與突出石窗的建築，牆面繪著聖瓦茨拉夫領軍出征的情景，又別稱為石聖母之家，此因中世紀黑死病守護神石聖母的雕像在其建築上，目前內部為泰式按摩店家。

Staré Město a Josefov

## 夜間避開人潮欣賞美景

塔樓內壁畫

布拉格的塔樓眾多，如果要觀看老城廣場的風光，可以買票上舊市政廳塔樓，特色是營業時間到晚上10點，內部設有電梯，出口處還可以看到舊市政廳內部華麗的拱型天花板。同時在聖誕節慶時，更可以從上往下觀看聖誕市集與亮麗的聖誕裝飾。想要避開人潮的遊客，晚間是個很好的選擇。值得一提的是，如果登上塔樓可以發現地板上方有27個「X」，分別代表在1621年白山之戰中戰敗的27位貴族被處決的地方，以此紀念他們。

塔內美麗的螺旋電梯

---

**老城廣場** 壯觀地標建築與歷史的遺跡
# 舊市政廳
**MAP** P.61 **Staroměstská radnice**

✉ Staroměstské náměstí 1, 110 00, Praha 1
☎ 221 714 714
🕐 內廳與地下室：週一11:00～18:00，週二～日09:00～18:00；塔樓：週一11:00～22:00；週二～日09:00～22:00
💲 內廳＋塔樓＋地下室套票160克朗，塔樓成人110克朗，內廳成人50克朗，地下室50克朗
➡ 地鐵A線Staroměstská、Můstek或地鐵B線Náměstí Republiky
🌐 www.staromestskaradnicepraha.cz

　　矗立超過半世紀的重點地標市政廳，擁有壯觀的天文鐘、哥德式樓塔、漂亮的內部裝飾，以及彩繪天花板，都是深受遊客青睞的必遊重點之一。建於1338年，原本只是哥德式建築的一部分，但是隨著時間的增建，有了天文鐘、議會大廳、羅馬式建築地下室、70公尺高

塔樓風景一角

的鐘塔，還有凸窗禮拜堂等豐富的裝飾，並合併了西側幾間房舍與修道院，才有了眼前的規模，整合增建部分具有文藝復興的風格。目前市政廳為展覽區與布拉格市旅遊中心和燈塔入口。

市政廳側面

市政廳與天文鐘

**老城廣場** 跨越600年的鬼斧神工

# 布拉格天文鐘
### Pražský orloj

天文鐘時鐘體

來到布拉格，旅客們最想要親眼目睹的就是這擁有600多年歷史的世紀天文鐘，時至今日，其鬼斧神工的技藝依然令人讚嘆。天文鐘除了運行時間外，也將波西米亞的傳統與信仰放入其中。天文鐘總共分為3個部分：最上面有2個可開關的窗口，每小時固定顯示12個旋轉的門徒像；中間部分是主要的天文鐘面，代表太陽與月亮的方向與時間，還有4個雕像；最下面的部分是代表月份的日曆盤與剩下的4個雕像。

### 起源

此鐘的建造最早可追溯到1410年，是由鐘錶師傅Mikuláš of Kadaň和Jan Šindel所製作，其中Jan Šindel更是查理大學數學與天文學教授。到了1490年，添加了日曆與哥德式的外觀雕塑，17世紀添加了活動的雕像，1866年才完成了上方的門徒畫像。在1552年的報告中顯示，Jan Růže (也稱為Hanuš)是當時的天文鐘製造商，不過大家老是傳說因為布拉格的市議員害怕他另外製造一個相同的天文鐘，所以把他的眼睛戳瞎，以確保天文鐘是獨一無二的作品，因此Hanuš也將此天文鐘破壞，讓人無法修復。現在證實此事並非事實，只是Alois Jirásek捏造的傳說罷了！

天文鐘塔樓

天文鐘日曆

## 天文鐘中間主體

　　中間主體是一個機械式的天象儀，背景中心的藍色地球代表當時的天空，藍色部分代表地平線以上的天空，橘紅色代表黃昏或黎明，黑色代表夜晚，並且以拉丁文寫著Aurora、Ortus (上升)、Occasus (黃昏)與Crepusculum (黎明)。外為藍色圈的金色羅馬數字，分別是布拉格的時間，以12小時計算。黑色外圈可移動的黃道環，標記太陽的位置與12星座。在鐘的最外緣，是以古阿拉伯數字顯示的舊式時間。指針上的金色圓球代表太陽在黃道上的位置，並且有3種方式顯示時間。

## 雕像

　　除了在時鐘上方可以移動的門徒雕像外，在天文鐘主體旁有4個雕像，門別代表當時最受鄙視的4種事情，分別是：頭部轉動拿著金色鏡子的人，代表虛榮與懼怕死亡的念頭，另外一個解釋是透過鏡子看到物質世界的魔術師；在旁一手拿著拐杖、另一手拿著錢袋的使者代表吝嗇，也有人說是貪婪或是高利貸的猶太人；然後是最受人矚目、手拿著沙漏與鈴噹的骷髏人，代表時間有可能隨時停止；最後一個拿著琴把的是代表快樂或欲望的土耳其回教徒。另外在下方日曆旁的4個雕像，分別為天文學家、米迦勒、哲學家，以及歷史學家。

## 日曆

　　最下方的日曆有12個圓圈，內部描繪著一年四季工作生活的波西米亞人，外圈的字體則是相對的日期和名字。大部分的捷克人到現在除了慶祝生日之外，也會慶祝自己的命名日。目前真跡收藏在布拉格市立博物館內。

布拉格嘉年華　　　　　　　　　　　　提恩教堂入口與內部

**老城廣場** 照亮老城廣場的尖塔魔法棒

# 提恩聖母教堂

MAP P.61　　**Týnský chrám**

☎ 222 318 186

🕐 週二～六10:00～13:00、15:00～17:00，週日
10:00～12:00

http www.tyn.cz/cz

老城廣場最醒目的哥德式尖塔教堂，就是提恩教堂，尤其到了夜晚，尖塔上的純金圓棒有如童話故事中的魔法棒，點亮整個老城廣場，尖塔中間則有一尊純金的聖母瑪利亞像。教堂建於13～16世紀，高達80公尺，在17世紀時，內部增添了巴洛克式裝飾與全布拉格最古老的管風琴，而中世紀時更是胡斯派進行宗教改革的集會地。

教堂前面的建築是提恩學校，後面中庭舊時是招待外國旅客的住宿場所，知名的拱型迴廊建築格拉諾夫宮，是文藝復興保存最完好的建築之一，牆上的裝飾描繪著聖經與希臘神話的故事。

眾多餐廳與商家環繞著提恩中庭，知名的捷克有機手工皂菠丹妮(Botanicus)總店也開設在此處。

**老城廣場** 保留原始的時鐘屋

# 石鐘之家

MAP P.61　　**Dům U Kamenného zvonu**

位於金斯基宮旁的石鐘之家也是通往提恩教堂廣場的主要出入口，最早可追溯到13世紀。原本為哥德式風格，經多次整修後變成巴洛克風格，但最後到1960年又改成原本的哥德式塔樓風格。由於外牆左上角始終留有原本的石鐘而因此得名，目前館內為布拉格市藝廊與展覽場地。

復活節活動

石鐘之家外觀

Staré Město a Josefov

## 老城廣場 繽紛的粉紅雕花牆妝點燈光節活動
# 金斯基宮
**MAP** P.61 **Palác Golz-Kinských**

✉ Staroměstské náměstí 12, Praha 1
☎ 224 810 758
🕐 每日(除週二)10:00～18:00
💲 全票150克朗，半票80克朗
➡ 地鐵A線Staroměstská、Můstek或地鐵B線
　　Náměstí Republiky
🔗 www.ngprague.cz

　目前為國家藝廊的其中一個
分館，外牆上裝飾著可愛的粉紅
色精美雕花，就坐落在老城廣場
上，最早是葛茲伯爵的豪宅，伯
爵去世後由外交官金斯基買下，
並修復為古典帝國主義風格，此
處也曾是卡夫卡就讀的地方。

外觀

正面燈光節特別活動

## 老城廣場 琳瑯滿目的水晶吊燈
# 聖尼古拉斯教堂
# (老城區)
**MAP** P.61 **Kostel svatého Mikuláše**

🕐 週一～六10:00～16:00，週日11:30～16:00

　建立於18世紀的巴洛克教堂，
矗立於老城廣場巴黎街入口旁，
內部有聖尼古拉斯的雕塑與特別
的裝飾，使整體光線效果非常炫
麗，中間的水晶燈吊飾則是哈拉
霍夫玻璃廠的作品，目前每日都
有販售音樂演奏票券。

內部水晶吊燈

外觀

聖誕節從市政廳塔樓觀看教堂

# 巴黎街

## Pařížská ulice

➡️ 老城廣場步行或輕軌17號Právnická fakulta
🗺️ P.61

街景如同其名，就像是布拉格版的香榭麗舍大道，高價奢華品牌進駐占領整條街，大道上的每棟建築，都以優雅的新藝術風格裝飾，莊嚴的氛圍配上兩側的樹蔭遮蔽更顯寧靜，喜歡頂級奢華品如LV、Gucci、Prada、BV、RIMOWA等的民眾，荷包可要看緊！巴黎街尾端連接著猶太區，或許也是象徵此世代文化融合無階級之分的意義吧！

聖誕節燈飾

巴黎街景

# 聖雅各伯教堂

## Kostel svatého Jakuba Většího

✉️ Malá Štupartská, 110 00 Praha 1
🕐 週二～日09:30～12:00，14:00～16:00
➡️ 地鐵B線Náměstí Republiky或Bus 294號 Masná
🗺️ P.61

最早是修道院，後來重建為巴洛克式風格教堂。最特別之處在於內部藏有18世紀波西米亞掌管財務公爵的華麗棺木。教堂西側牆上懸掛著一個人手的雕像，傳說曾有小偷想偷取聖母雕像上的珠寶，聖母顯靈抓住小偷的手，直到小偷砍掉手後才得以脫逃，以此警惕世人不要有偷竊之心。

教堂外部與內部

**Staré Město a Josefov**

116

## 國王加冕之路起點
# 火藥塔
### Prašná brána

✉ Náměstí republiky 5,Praha 1
☎ 224 816 772
🕐 3、10月10:00～20:00，11～2月10:00～
18:00，4～9月10:00～22:00
💲 成人90克朗
➡ 地鐵B線Náměstí Republiky往Náměstí
Republiky或Prašná brána出口
🌐 www.muzeumprahy.cz/prasna-brana
🗺 P.61

火藥塔背面

　　原為哥德式的建築，始建於11世
紀，同時也是國王加冕之路的起

火藥塔與市民會館連接

點。但隨著國王搬遷王宮到布拉格
城堡後，此城門重要性驟減，到17
世紀成為存放火藥的地點而改稱
火藥塔，然而因為年久失修，直到
18世紀建築師J. Mocker以新哥德
式風格整修此塔，並添加石材雕刻
才成為目前所看到樣貌。塔高65公
尺，共分成3個樓層。

## 露天建築博物館之旅
# 采萊特納街
### Celetná ulice

➡ 地鐵B線Náměstí Republiky往Náměstí
Republiky或Prašná brána出口
🗺 P.61

　　從火藥塔往老城廣場方向走，
是舊時東西歐貿易必經之地，加
上又是國王加冕之路的起點，短

清晨街景與建築

短的400公
尺路面就像
是個露天的
建築博物
館，每個建
築物門上都
會鑲有家徽
或是代表主

立體派建築——石聖母之家

人地位的牌子，巴洛克風格的粉
刷、羅馬式的地基、立體派的建
築琳瑯滿目。現今商家林立非常
熱鬧，值得注意的是在Celetná與
Ovocný trh街交接之處有一棟立體
派的建築——石聖母之家，由20
世紀建築師Josef Gočár建造，以
牆面上的石聖母雕像為命名，不
僅大樓正面使用立體主義風格，
內部的咖啡廳也展現此風格。

117

# 跨越世代的名人導師群聚名校
# 卡羅麗娜學院
**Karolinum**

✉ Železná 541/9, 110 00, Praha 1
➡ 地鐵A線Můstek
http www.cuni.cz/UK-1436.html
MAP P.61

　　全中歐最古老的查理大學是由查理四世創立於1348年，卡夫卡、愛因斯坦、米蘭昆德拉等都曾在此教授或就讀，其中則以卡羅麗娜學院最為知名。此地原本是Rotlez之屋，被人買下後擴建成今日所見的模樣。原為巴洛克風格，但因歷史戰爭破壞，以致目前外觀僅剩突出的石雕外窗，從建築的工法上看得出與建造聖維特大教堂的建築師 P. Parler同一出處。目前除了畢業典禮或是重要活動，平時不對外開放。

石雕外窗

學院外觀

# 莫札特對布拉格之愛
# 史塔沃夫劇院
**Stavovské Divaldo**

✉ Ovocný trh 1, 110 00, Praha 1
☎ 224 901 448
$ 50克朗～950克朗
➡ 地鐵A線Můstek步行約2分鐘
http www.narodni-divadlo.cz
MAP P.61

紀念莫札特《唐喬凡尼》在此演出

　　在此可以找到莫札特的遺跡。此劇院建於1783年，也是布拉格新古典主義風格的第一個建築。莫札特的劇作《費加洛婚禮》在家鄉並未得到迴響，但《唐喬凡尼》因為劇作內容與捷克民族相近而獲得廣大支持，也因此紅回家鄉。他人生中總共前來布拉格3次，最後一次是死前的5個月，就知道這裡是如何地吸引他，也因此可以透過莫札特的38號交響曲《布拉格》了解他對此地的喜愛，目前此劇院為國家劇院分館。特別值得一提的是冬季時，劇院後門通常會建造雪上溜冰場，提供大眾租鞋溜冰。

劇院後門與國家劇院貨車

劇院正面外觀→

## 胡斯的宗教精神與傳承

# 伯利恆禮拜堂
**Betlémská kaple**

✉ Betlémské náměstí 255/4, 110 00, Praha 1
📞 224 248 595
🕐 週一～日09:00～16:00
➡ 地鐵B線Národní třída步行約7分鐘
🌐 www.bethlehemchapel.eu
🗺 P.60

目前是國家文化紀念館之一，它在胡斯的宗教改革上占了很重要的地位。始建於14世紀，當時商人Jan Kriz和Hanus出資建造以捷克語為主的禮拜堂，15世紀胡斯在此禮拜堂擔任牧師佈道時，連蘇菲亞皇后都前來聆聽。但因

捷克科技大學畢業證書範本

年久失修，加上戰爭的破壞，使得此地幾近全毀，直到1948年才開始以歷史資料修復。內部北牆還留有1412年原始的部分壁畫。承繼著大學的傳統，1993年被捷克科技大學當做禮堂使用，學校在毫無經費補助之下進行管理與維護，平日開放給遊客參觀，不過地窖禮拜堂只有在特別時間開放。

禮拜堂

留有部分原始壁畫

---

### 旅行小抄

## 哈維爾市集 Havelské Tržiště

✉ Havelská 13, 110 00 Praha 1
➡ 地鐵A線Můstek，往老城廣場方向步行1分鐘
🗺 P.61

布拉格有許多大大小小的傳統與農產品市集，而此市集是歷史最為悠久的一個。始於1232年，是目前老城市中心唯一保留的傳統露天市集。此處可說是布拉格紀念品的採買寶地，在此販賣各式水果與紀念品，紀念品價格比一般紀念品店便宜，但水果價格以100克計算則比

超市還貴，愈後面的攤位價格稍低。畫作部分是拷貝後再手工簽名，如果是親筆畫作價格會有差異，不妨詢問老闆。缺點是此處都以現金交易且不退稅，所以需備妥現金。

# 卡夫卡出生家
## Franz Kafka's Birthplace

- ✉ Maiselova ulice與Franze Kafky轉角處
- ➡ 地鐵A線Staroměstská或老城廣場步行即可
- MAP P.60

Franze Kafky街與卡夫卡屋的咖啡館

卡夫卡，一個與布拉格不可分割的舉世聞名文學作家，也是村上春樹最欣賞的作家之一。於1883年在此出生，此棟建築物轉角也製作了

他的頭像，並且以他的名字做為街名，整個布拉格幾乎都遍布著他所停留的遺跡。他是個出生於傳統猶太家庭的孩子，熱衷寫作，使用虛構與現實交會的筆法來描述他的生活經歷，藉由他細膩的筆法，亦可考究當時的生活樣貌，可惜幾乎所有作品都是在他死後才被發掘重視。黃金巷、查理大學、猶太區都少不了他的蹤跡。

# 裝飾藝術博物館
## Uměleckoprůmyslové museum v Praze

- ✉ 17, listopadu 2, 110 00, Praha1
- ☎ 251 093 111
- ⏱ 週二10:00～19:00，週三～日10:00～18:00
- 💲 特展與常態展全票120克朗，半票70克朗
- ➡ 地鐵A線Staroměstská或輕軌17號Právnická fakulta
- http www.upm.cz
- MAP P.60

位於魯道夫音樂廳旁的文藝復興建築內，展出許多當代與20世紀

前的歐洲琉璃、陶器、珠寶與紡織等文物，如果喜歡古老鐘飾或是古代歐洲服飾的人可別錯過。館內漂亮的天花板圓頂與穹頂相得益彰，寬敞大器的玄關讓人不免停下腳步仔細觀看。此館也展出查理國王之前收藏在卡爾修坦城堡的銀器寶物。(2015年1月11日起進行整修直到2017年，展品會移至Dům U Minuty, Malé náměstí 9, Praha 1)

歐洲古鐘展覽

內部裝飾

內部裝飾

Staré Město a Josefov

內部與藝廊

捷克愛樂的演奏聖殿
# 魯道夫音樂廳
**Rudolfinum**

✉ Alšovo nábřeží 12, 110 00, Praha 1
☎ 227 059 227
➡ 地鐵A線Staroměstská
http www.ceskafilharmonie.cz
MAP P.60

外表莊嚴典雅的魯道夫音樂廳採用新文藝復興風格，建於1876～1884年間，與國家劇院的建築師同為J. Schulz和J. Zítek，並以王位繼承人魯道夫之名命名，1919年曾是

在特別開放日從陽台眺望布拉格城堡與廣場

國家眾議會場，目前是捷克愛樂（Česká filharmonie）的主場地。

創立於1896年，享譽世界的捷克愛樂樂團，當年在德弗札克（Antonín Leopold Dvořák）的指揮下，在此進行第一次演出，其內部又以德弗札克廳最顯富麗堂皇，也是每年舉行布拉格之春音樂季的主要演奏廳之一。除了演奏會時間開放之外，平時民眾可以購票前往音樂廳內的藝廊參觀，或前往內部咖啡館。

# 猶太區
## Josefov

☎ 222 749 211

💲 老城區所有猶太博物館(不包含舊新猶太博物館)全票480克朗,半票320克朗,詳細票價與展覽請洽猶太區旅客中心

➡ 地鐵A線Staroměstská;或輕軌17號Právnická fakulta;或從老城區步行巴黎街方向

🌐 www.jewishmuseum.cz/en/ainfo.htm

🗺 P.62

猶太區標誌與購票資訊中心

全歐洲保存最完整的猶太區就在布拉格,歷史可追溯到13世紀,但如今的猶太區都是在19世紀末20世紀初重新改建而成,主要包含4個猶太教堂、1個墓園、以及禮儀大廳。而在猶太教堂與基督教聖靈教堂邊界設立了一尊卡夫卡雕像,是為了表達布拉格人對於多元文化與信仰的包容性,同時以2座教堂的探照燈互相照射在對方教堂上,以表尊重與融合。參觀路線可以從老城廣場巴黎街,或是地鐵站Staroměstská步行進入,此區的紀念品兼具猶太風格且價格稍加便宜。

象徵多元文化融合的猶太與基督教堂

卡夫卡的雕像

猶太區與巴黎街交叉處

Staré Město a Josefov

## 以泥偶保護猶太人

充斥在猶太區的紀念品店會販售一個叫做Golem、像是泥人的可愛玩偶,據說是猶太教以巫術黏土做成的有生命的泥人,藉此來保護備受迫害的猶太人,所以又稱為猶太人的守護神。在此區的紀念品攤販賣會較老城區來得便宜,而且只有此區才可以購買到有猶太風格的小飾品與紀念物。

以Golem為名的餐廳

**猶太區** 埋藏千萬歷史的過往

# 舊猶太公墓

MAP P.62 **Starý židovský hřbitov**

交錯堆疊的墓碑,埋藏了成千上萬的歷史過往。這裡是世界上最大的舊猶太墓園,由於空間有限,加上猶太人不破壞墓碑的習俗,所以不斷填補土壤以製造新的墓碑。此處一直使用到1787年,共有12,000個墓碑立於此處,墓碑上的符號代表家徽或其職業象徵。

知 識 充 電 站

## 法蘭茲‧卡夫卡(Franz Kafka):20世紀最具影響力的作家

卡夫卡(Franz Kafka)不僅被村上春樹視為最喜愛的小說家之一,也被喻為20世紀最具代表性作家之一。於1883年出生在布拉格猶太家庭的卡夫卡,雖說捷克語但使用德語寫作,再加上那時代的種種民族、政治矛盾與他的創作有很大的關聯,他將內心交錯的矛盾情感明顯表達出來,加上荒謬的形象與直覺象徵的手法,來寓言當時社會與環境的困境。他的一生幾乎都生活在布拉格,所以作品內容與足跡遍及整個布拉格,如果說他是布拉格的代表人物一點也不為過。

值得注意的是,他的作品常以布拉格為場景,而他筆下所描述的地方,到現在都還存在且保存完整,不只猶太區,大家可以在布拉格城堡黃金巷、Jindřišská街、查理大學、羅浮咖啡館等看到蛛絲馬跡。但是遺憾的是,他的作品在他生前並未受到大眾歡迎,他甚至要求他的好友Max Brod將所有稿件銷毀,但是好友並未依照他的遺願,反而將其作品公開出版,才受到大眾矚目。

## 猶太區 傳遞猶太信仰與精神
# 舊新猶太會堂
**MAP** P.62 **Staronová synagoga**

🕐 週四～日(除週五、六和猶太假期)，1～3月
09:00～17:00，4～10月09:00～18:00，11～
12月09:00～17:00
💲 全票200克朗，半票140克朗

　　世界上最古老珍貴的猶太古蹟
之一，屬於13世紀的哥德式建築，
外牆以石雕裝飾與巨齒狀的尖頂，
內部延續中世紀樣式的2個主殿，
至今依然是猶太人的祈禱室與主
要教堂。

## 猶太區 色彩豐富的猶太會堂
# 西班牙猶太會堂
**MAP** P.62 **Španělská synagoga**

💲 全票70克朗，半票50克朗

　　此會堂號稱最美、最華麗的
摩爾復興式猶太會堂，建於1868
年，內部擁有色彩豐富且金碧輝
煌的圓頂，另外還有獨特的管風
琴，除了是博物館之外，在夜晚
也常拿來當作音樂會的場地。稱
為西班牙猶太會堂並非因曾有西
班人參與，而是相傳此建築風

內部

格屬於西班牙猶太文化的輝煌時
期，非常推薦前往參觀。

外觀

Staré Město a Josefov

## 猶太區 珍藏猶太宗教文物
# 瑪瑟爾猶太會堂
MAP P.62 Maiselova synagoga

原為文藝復興風格,但是經過火災重建後成為巴洛克風格,最後19世紀又改為哥德式風格,目前是珍藏許多猶太珍貴文物與宗教法器之地,其名稱是以當時猶太長老瑪瑟爾出資重建而命名。(整修中,預計2015年5月開放)

快要完成的新會堂外觀

## 猶太區 猶太公民留名紀念館
# 平卡斯猶太會堂
MAP P.62 Pinkasova synagoga

位於猶太公墓旁的此會堂興建於15世紀,但經過洪水破壞之後改為巴洛克風格,直到第二次世界大戰成為猶太公民紀念館。房間的牆上寫了將近8萬人的名字,但後期又因水災而關閉,直到20世紀末才恢復其原樣。

猶太會堂外觀

## 猶太區 貼近猶太人的生活
# 克勞斯猶太會堂
# 與葬儀大廳
Klausová synagoga a obřadní síň

MAP P.62

採用巴洛克風格的會堂裡面收藏許多猶太人的傳統與特別聖日的紀念展品,如果想要了解猶太人生活習俗禮儀的人,可以前往此處觀賞。葬儀大廳是猶太人舉行葬儀的重要場所,也可在此了解如何舉行簡單且莊嚴隆重的盛大儀式。

克勞斯猶太會堂

葬儀大廳

125

# 購物指南

## 奢華精品一網打盡
# 巴黎街
## Pařížská ulice

🌐 www.parizskaulice.cz/en
🗺 P.61

如果想要購買奢華精品，千萬別錯過在老城廣場與猶太區中間的巴黎街，如同巴黎的香榭麗舍大道，此處是國際奢華品牌與鐘錶、時尚衣物的集中地，每個店家都有自己獨立寬敞的店面吸引喜愛自家品牌的民眾，從Cartier、Louis Vuitton、Gucci、Prada到RIMOWA行李箱，在此都能一覽無遺。

## 與眾不同的酒類香氛產品
# 曼菲蘿
## Manufaktura

✉ Melantrichova 17, Praha 1
📞 230 234 376
➡ A線Můstek步行5分鐘往老城廣場方向
🌐 www.manufaktura.cz
🗺 P.61

與菠丹妮性質相似，但其主打啤酒、葡萄酒等系列的手工皂與木製傳統玩具，在市中心隨處可見。如果想要試試看不同的香氛產品或是手工玩具，不妨前往採購。值得注意的是，由於市中心的店家與百貨商場有部分不同的微幅價差與活動促銷，可以多做比較。

Staré Město a Josefov

126

## 捷克知名純手工有機香氛品牌
# 菠丹妮Botanicus

- ✉ Týn 2 (Týnský dvůr – Ungelt) 110 00, Praha 1；Týn 3 (Týnský dvůr – Ungelt) 110 00, Praha 1
- ☎ 325 551 235
- 🕐 每日10:00～20:00
- ➡ A線Staroměstská、Můstek或地鐵B線 Náměstí Republiky步行往老城方向
- 🌐 www.botanicus.cz
- 🗺 P.61

純手工的捷克香皂與香氛品牌，採用天然自有的有機農場與花園，在臺灣也已有代理進口，但由於價差甚大，所以常常造成觀光客瘋狂搶購，除此之外也開放遊客參觀有機花園與農場，春夏秋季都會舉辦相關活動與傳統慶典，有興趣的民眾可以洽詢官網。由於觀光客眾多，建議大家避開下午的時段購買，聖誕節限量的花果茶也非常受到遊客們的喜愛。

---

### 旅行小抄

### 布拉格的退稅方式

在捷克同一店家購物滿2,000克朗即可退稅，但是由於臺灣無法直接兌換克朗，所以在機場退稅的民眾多半選擇退換歐元為主。但在菠丹妮總店可以在現場直接辦理現金退稅(需注意只能退捷克Premier Tax Free公司)，方便民眾直接退領克朗，繼續在捷克使用，省下到機場換歐元的手續費。但須注意在此退稅還是需要在機場給海關補蓋章，否則日後退稅公司會從信用卡扣回預先退給的現金。

■ 傳統木製玩具讓人童心未泯
# 小鼴鼠的玩具店
## Hračky U Krtečka

✉ Havelská 11-13, 110 00, Praha 1
🕐 每日10:00～19:00
MAP P.61

　　位於哈維爾市集旁的店家，以傳統的雙開門口擺放一隻大型的小鼴鼠當作招牌。這間店販售眾多琳瑯滿目的捷克木製玩具與玩偶，在此都可以找到與小鼴鼠相關產品的蹤跡，是個讓人童心未泯的好去處。

店門口

捷克木製玩偶

知 識 充 電 站

## 小鼴鼠妙妙奇遇記(Krtečka)

在布拉格隨處可見這個可愛的卡通玩偶，他的名字叫做小鼴鼠，是由捷克畫家Zdeněk Miler創作的卡通人物，1956年從布拉格開始，到現在已經遍及世界各地，臺灣在1985年於公視首播。小鼴鼠的最大特色是作者希望全世界各地的孩子都能看懂，所以使用可愛簡單的嗓音來替代對話，因而吸引許多小朋友們的喜愛，至今仍是捷克兒童的最愛。2011年由於美國太空人Andrew Feustel帶著捷克裔老婆給的小鼴鼠玩偶登上太空船，而後捷克畫家也推出了小鼴鼠登上太空系列，非常俏皮可愛。

# 特色餐飲

## ▌現點現做的平價美味餐廳
# Sedm konšelů

- ✉ Žatecká 10, Praha 1
- ☎ 732 785 791
- 🕐 每日11:00～23:00
- ➡ 地鐵A線Staroměstská步行3分鐘
- http sedmkonselu.cz
- MAP P.60

　　這間傳統的捷克餐廳位於Staroměstská地鐵站往老城廣場的方向，也是老城區最平價與美味的餐廳之一，其餐點都直接現做，原味好吃，尤其是便宜的商業午餐與快速的上餐方式，非常適合想要嘗試捷克料理，卻又害怕碰到地雷的旅客。若是只想要喝杯啤酒或是小前菜也可以前往此處，堪稱為老城區CP值最高的餐廳之一，非常推薦。

## ▌大型遊船改造成義式餐廳
# Marina Grosseto Ristorante

- ✉ Alšovo nábřeží, Praha 1
- ☎ 222 316 744
- 🕐 每日11:30～00:00
- ➡ 地鐵A線Staroměstská往河岸步行3分鐘
- http www.grosseto.cz/en/marina/gallery
- MAP P.60

　　想要看河景與城堡風光，又不想走奢華高貴路線的民眾，可以選擇位於魯道夫音樂廳靠河沿岸的義大利餐廳Marina，本身是艘大型船艇改裝成義式餐廳，沿河景致非常優美，內部也以開放式的用餐空間與快速的上餐服務受到本地人的喜愛。用餐時間一位難求，特別是由於廚房位在下方樓層，服務生會以可愛的吊籃將餐點送上地面層再端給客人，非常有趣。

餐點與座位景觀

## 比賽暢飲炒熱場面

# The pub

✉ Veleslavínova 3,110 00, Praha 1
☎ 222 312 296
🕐 週一～四11:00～01:00，週五11:00～03:00，
　 週六12:00～03:00，週日12:00～23:00
➡ 地鐵A線Staroměstská步行3分鐘
🌐 www.thepub.cz
🗺 P.60

想要與三五好友暢飲啤酒，那大家來比賽吧！這間新穎大方的地窖風格酒吧，是皮爾森啤酒的直營店家之一，不僅在捷克很常見，也遍布歐洲各國。全自助式的點餐與啤酒服務，可以計算每個人與每桌的公升數，店家再以每間店大螢幕的方式呈現同時段最高暢飲的分店與桌號，有時候會激起大家的互動與比賽熱潮。

## 典雅派立體藝術風格咖啡店

# Grand Café Orient

**獨家推薦**

✉ Ovocný trh 569/19, 110 00, Praha 1
☎ 224 224 240
🕐 週一～五09:00～22:00，週六～日10:00～22:00
➡ 地鐵B線Náměstí Republiky步行Ovocný街2分鐘
🌐 www.grandcafeorient.cz
🗺 P.61

精緻的甜點與茶品　　　復古的掛報架

這是布拉格第一間以立體派義術風格裝潢的咖啡店，位於火藥塔通往老城廣場的方向，內部裝潢典雅大方，配上蜿蜒曲折的樓梯間和

立體派裝置與建築特色

廳內燈飾，非常具有立體藝術的風格，外部的黑聖母雕像常常吸引人群的注意。餐廳內寬敞的小沙發座很受遊客的喜愛，不妨到此嘗試捷克的蜂蜜蛋糕，冬天時配上一杯熱呼呼的薑茶，非常溫暖。

## ▌晚餐盡享全城最美景觀
# Hotel U Prince

✉ Staroměstské náměstí 460/29, 110 00, Praha 1
📞 737 261 842
➡ 地鐵A線Staroměstská或B線Náměstí Republiky往老城廣場步行約5分鐘
http www.hoteluprince.com/terrace
MAP P.61

　　想要看到老城廣場最美的天文鐘塔與提恩教堂，卻又想跳脫人擠人的喧鬧，好好享受一刻寧靜嗎？那記得前往位在一分鐘之屋

對面的Hotel U Prince頂樓的戶外餐廳，這裡提供全老城區最美的景觀，配上內部奢華高貴的座位，非常特別且用心，餐廳提供少部分捷克與義式餐點，用餐時段記得致電預約。

## ▌快速方便的捷克自助餐
**獨家推薦**
# Havelská Koruna

✉ Havelská 21 , 110 00, Praha 1
📞 224 239 331
🕐 每日10:00～22:00
➡ 地鐵A線Můstek步行約3分鐘往哈維爾市集方向
http www.havelska-koruna.com
MAP P.61

　　誰說歐洲沒有自助餐店呢？這間位於哈維爾市集附近的捷克傳統美食自助餐店，提供多種語言的服務與非常巧妙的裝潢，讓每個人都有屬於自己的用餐空間。入內後，先索取一張空白點選單，而後依照想要選擇的餐點，廚師會在選

單上寫你所點的餐，用完餐後再依照此選單付款，價格非常親民，適合背包客與省時的旅客。

店內用餐環境

店內用餐環境

## ■ 百年紀念證明老店身分
# U Pinkasů

百年老店

✉ Jungmannovo náměstí 15/16, 110 00, Praha 1
☎ 221 111 152
🕐 每日10:00～01:00
🌐 www.upinkasu.com
🗺 P.61

位於瓦茨拉夫廣場Baťa鞋店的後門出口處，有一間創立於1843年的百年老店U Pinkasů酒館，提供多樣化的捷克傳統佳餚，一進店面可

第一滴皮爾森啤酒在此流出

以看到樓梯間貼著許多名人在此用餐的照片與事蹟，算是間超人氣明星餐廳。價格不貴且好吃，夏日會在教堂的歷史牆邊開放戶外座位區，非常特別，吸引許多人前往。值得一提的是在地下室有個紀念面板，說明第一滴皮爾森啤酒是在1843年的此處供應，以證明其百年老店屹立不搖的地位。

## ■ 總統們也來的小酒吧
# U Zlatého tygra

百年老店

✉ Husova 17,110 00, Praha 1
☎ 222 221 111
🕐 每日15:00～23:00
➡ 地鐵B線Národní třída往老城區方向步行約7分鐘
🌐 www.uzlatehotygra.cz/cs
🗺 P.60

這間創立於1816年的老牌啤酒店，因為捷克前總統哈維爾與美國前總統柯林頓兩人曾前往此地，體驗捷克當地啤酒館文化而知名，到目前為止還是保有古典擺設風味，提供自製的啤酒與傳統捷克菜，想要體驗古老酒吧氛圍的民眾千萬別錯過。但由於老店仍然保持原味，所以酒館內部充滿喝酒喧鬧的民眾，加上是不禁菸餐廳，如果不喜歡菸味的民眾需要列入考量，但是避開用餐時間，可以好好觀察百年前的小酒吧傳統模樣。

## 堪稱全歐洲最好吃義式冰淇淋

# Angelato

獨家推薦

✉ Rytířská 962/27, 110 00, Praha1與Újezd 24 118 00, Praha 1

📞 224 235 123

🕐 3月～6月11:00～09:00；7、8月11:00～ 22:00；9、10月11:00～21:00；11、12月11:00 ～20:00

http angelato.eu

MAP P.61

人滿為患的Rytířská一店

位於哈維爾市集附近，這間迷你不起眼的冰淇淋店，堪稱全捷克甚至全歐洲最好吃的義式冰淇淋，每到夏天總是人滿為患，小小的店裡擠滿了旅客與當地人。口味清爽、甜而不膩，每個月都會研發各種不同的口味，其中開心果口味是最讓人難以忘懷的招牌味道，此外還有香蕉、椰子、巧克力餅乾，都受到大眾的喜愛，吃起來就像在品嘗最純正天然的水果，可以說是前往布拉格必吃美食之一，但需注意1、2月冬季不開放。

寬敞溫馨的Újezd二店

## 當地人高度推薦嘗鮮

# Sansho

✉ Petrská 25, 110 00, Praha 1

📞 222 317 425

🕐 週二～五11:30～15:00；18:00～23:00；週六 18:00～23:00

➡ 輕軌14號至Těšnov

http www.sansho.cz

MAP P.65

價格稍高但結合亞洲與歐洲的創意料理，精緻典雅的擺盤和新鮮的食材受到許多愛嘗鮮的人歡迎，如果不能接受創意料理的人需好好考慮。

### ▌簡約明亮的舒適環境
# Mistral Cafe

✉ Valentinská 11/56, 110 00, Praha 1
☎ 222 317 737
🕐 每日10:00～23:00
🌐 www.mistralcafe.cz/en
🗺 P.60

　　這間位在老城地鐵站出口的餐廳，採用明亮簡約的落地窗風格，用餐環境非常的寬廣舒適，其中商業午餐受到許多人的歡迎，雖然沒有得到米其林星級，但曾受到米其林指南的推薦。此間店面以許多小盆栽與植物做擺設的原因，是因為餐點上的新鮮植物

香料都是出自自家花園，深受許多商業人士喜愛。店內的甜點也是每日替換，想要短暫來杯下午茶的民眾不妨考慮前往。

- - - - - - - - - - - - - - - - - - - - - - - - - - - - -

### ▌捷克超人氣速食
# Bageterie Boulevard

✉ Na Příkopě 2, Praha 1或Kamzíkova 544/1, Praha 1或Národní 27, 110 00, Praha 1
☎ 724 811 316, 724 437 618
🕐 週一～五08:00～22:00，週六～日09:00～22:00
🌐 www.boulevard-bageterie.cz
🗺 P.61

　　沒時間好好坐下來享用美食嗎？如果非得要吃速食的話，撇除麥當勞和KFC吧！這間Bageterie Boulevard是捷克自有且超高人氣的速食店，和其他速食店不同的是

以法式棍麵包，加上新鮮的食材推出各種不同的餐點、湯品、沙拉，符合所有年齡層的喜愛，如果是點選套餐則會附上自製的檸檬茶與馬鈴薯塊附上隻可愛的小惡魔叉子，加上鮮黃色的獨特新穎設計。連鎖店面短時間內遍部全捷克，且菜單每3個月都會更新一次，別忘了來嘗嘗看呦！

布拉格－老城區與猶太區 特色餐飲

# 全布拉格最新鮮的巧克力？
## Choco Café

獨家推薦

✉ Liliová 250/4, 110 00, Praha 1
☎ 222 222 519
🕐 週一～六10:00～21:00，週日10:00～20:00
http www.choco-cafe.cz
MAP P.60

如果說這間巧克力店是布拉格市最新鮮，我想很難有第二家跟他們搶第一。這是一間家族經營的咖啡館，每天自製最新鮮可口的

可可和糕點，藏匿在查理大橋附近不起眼的小巷弄中，熱門時段還需要預約。其濃郁的可可蛋糕與飲品，加上現場販售特殊口味的巧克力(咖啡、海鹽、奇異果……等)都是自製且獨特，尤其好吃的蛋糕與甜點絕對值得品嘗。如果是不喜歡甜食的人，不妨現場購買可可粉當作伴手禮吧！

# 布拉格的素食龍頭
## Lehká hlava

✉ Boršov 280/2, 110 00 ,Praha 1
☎ 222 220 665
🕐 週一～五11:30～23:30，週六～日12:00～23:30
MAP P.60

這間超高人氣的素食店藏身在小巷弄中，非常的難預約。店內採用可愛活潑的設計，加上2樓獨特的星空點綴，雖然座位不多，但總是受到歐洲素食者的喜愛，以不添加任何人工色素的最

原始風味深受歡迎。不喜歡歐洲口感的民眾，可以選擇咖哩或是豆腐亞洲風味。值得一提的是，店內自製的果汁與無酒精飲品也非常獨特。此店也有姐妹店稱MAITREA位在Týnská uli ka 6/1064，提恩教堂附近的小巷子中。

135

# Nové Město
# 新城區

概況導覽 總是充滿人潮的新城區，以瓦茨拉夫廣場為主，兩旁向外延伸，包圍著以充滿哥德式與巴洛克風格教堂的老城區聞名，由於交通便捷，同時也是布拉格歷史中心最大的一個區域，許多國家博物館、劇院，以及商場都在此設立店家。此處另一個著名的歷史事件為15世紀的胡斯戰爭，在布拉格新市政廳發生了第一次扔出窗外事件，成為引發胡斯戰爭的導火線。也因此區沿著河岸發展，每逢假日總吸引著許多人潮前往河畔休憩。

# 熱門景點

## 捷克的革命精神
# 瓦茨拉夫廣場
### Václavské náměstí

➡ 地鐵A線Můstek、C線Muzeum或輕軌3、9、14、24 Václavské náměstí
**MAP** P.65

一直以來，這裡都是捷克極具象徵意義的地方，最早從14世紀查理四世建立新城，在此開闢露天馬市，到1918年Alois Jirásek於此地宣誓捷克斯洛伐克獨立，而後在1969年，一名學生Jan Palach

瓦茨拉夫廣場景觀

自焚以抗議蘇聯入侵捷克斯洛伐克，之後到1989年的天鵝絨革命，數十萬民眾在此舉行示威活動直到捷克與斯洛伐克分別和平建國。長達750公尺的大道上林立了許多商業文化的生活中心，兩端分別連結地鐵A線Můstek通往老城區與C線Muzeum通往國家博物館，並於1912年豎立了精神領袖瓦茨拉夫與其聖徒的雕像。每年各大節慶時此處也會舉辦傳統市集與活動，吸引眾多觀光客前往參觀。

## 在夜晚閃閃發光的頭頂燈
# 皇冠大樓
### Palác Koruna

✉ Václavské nám. 1, 110 00, Praha 1
☎ 224 219 526
🕐 09:00～20:00
💲 全票50克朗，半票30克朗
➡ 地鐵A線Můstek或輕軌3、9、14、24 Václavské náměstí
🌐 www.koruna-palace.cz
**MAP** P.64

位在步行街與瓦茨拉夫廣場轉角處的皇冠大樓，樓頂因有個可愛的皇冠造型而得名，整體以新藝術風格呈現，也有別稱叫做捷克克朗大樓，原因是捷克第一個投幣販賣機就是在此啟用。目前內部多為商家與辦公室，建築體也與地鐵A線Můstek連接。

布拉格──新城區

瓦茨拉夫廣場‧皇冠大樓

137

## 集郵者的收藏寶地
**獨家推薦**
# 郵政總局
**Hlavní Pošta**

- ✉ Jindřišská 14 ,110 00, Praha 1
- ☎ 221 131 111
- ⏰ 02:00～00:00
- ➡ 地鐵A線Můstek或輕軌3、9、14、24 Václavské náměstí
- 🌐 www.ceskaposta.cz
- 🗺 P.65

捷克郵筒，境外請投遞郵筒右側

　　布拉格是個不夜城，這在歐洲
其實十分難得一見。因而位於市
中心的郵政總局，開放22個小時
處理郵政業務，所以如果遊客有
需要寄送包裹或郵件的話，真的
非常方便。最特別的是這間郵政
總局有個獨一無二的集郵販售窗
口，所以喜歡特別郵票或是集郵
迷一定不可錯過。

郵局內部非常美麗，可惜無法拍照

---

## 馬賽克拼貼的藝術
# 諾瓦克大樓
**Novák Arcade**

- ➡ 地鐵A線Můstek或輕軌3、9、14、24 Václavské náměstí
- 🗺 P.64

　　與盧森納宮相連的是有如迷宮
般複雜的諾瓦克商場，它最特別

的部分是面對Vodičkova街的外
牆，以色彩豐富的馬賽克磚拼貼
出新藝術風格，非常引人注目。

**Nové Město**

盧森納商場與黑大衛創作雕像

## 哈維爾的新藝術設計
# 盧森納大樓
### Lucerna Palace

➡️ 地鐵A線Můstek或輕軌3、9、14、24 Václavské náměstí

🗺️ P.64

　　位於瓦茨拉夫廣場與Vodičkova街上的盧森納,是採用新藝術風格建造而成,此複合式建築是由前總統瓦茨拉夫・哈維爾爺爺所設計,因而其家族也在此擁有部分資產。目前內部包括劇院、電影院、商家、搖滾俱樂部、餐館等。值得注意的是,在大樓內的電影院前展示了一尊雕像,是聖瓦茨拉夫騎著一匹倒反的馬,這是捷克雕塑家黑大衛(David Černý)的作品,他從來不對他的作品發表評論,反而更引來眾人的遐想。

知識充電站

### 認識瓦茨拉夫・哈維爾

　　大家是不是對瓦茨拉夫・哈維爾(Václav Havel)這個名字有點熟悉呢?沒錯!從你一進入布拉格,國際機場的名字就是以此命名。他對捷克人有著重要的貢獻與地位,他不只是位前總統,更是作家與天鵝

國家博物館前的照片

絨革命的思想家。在蘇聯占領捷克斯洛伐克的期間,他一直主張言論與人權自由,數度遭到拘捕仍不減他追求自由與人權的渴望,期間他發表了許多著作,更出版《七七憲章》、《公民自由權運動宣言》等巨作。

　　1989年,隨著蘇聯垮台,捷克斯洛伐克進行第一次民主選舉,出獄僅42天的哈維爾被選為捷克斯洛伐克總統。但天妒英才的他於2011年辭世,全國哀掉3日並在布拉格聖維特大教堂鳴放21響禮炮致敬,同時舉行國葬,在此期間捷克人民舉著國旗遊行,以悼念他卓越的貢獻。直到現在,每當天鵝絨革命紀念日時,瓦茨拉夫廣場都會懸掛他的大型照片以追悼他的偉業。

瓦茨拉夫・哈維爾的相關書籍

## 精緻典雅的寶物盒
# 國家博物館主館
### Národní muzeum

✉ Václavské náměstí 68, 115 79, Praha 1
☎ 224 497 111
➡ 地鐵C線Muzeum
🌐 www.nm.cz
🗺 P.65

　　雄偉聳立於瓦茨拉夫廣場終端
的國家博物館主館，讓人很難忽略
它的存在。雖然目前在進行整修
中，但內部高雅華麗的裝飾，加上
沿梯而上的紅地毯，常常讓人以為

標本展覽

是在參加國際晚宴般的優雅尊貴。
內部從標本雕像到捷克歷史、地
理、文化都鉅細靡遺地展出，期待
下次開放時有驚人的全新面貌。
預計2015下半年開放。

---

## 權高的科學文化機構
# 國家高等科學研究院
### Akademie věd České republiky

✉ Národní 1009/3, 110 00, Praha 1
☎ 221 403 111
🕐 週一～五09:00～19:00
➡ 輕軌9、18、22 Národní divadlo
🌐 www.cas.cz/index.html
🗺 P.64

館內藏書與閱覽室

入口處

　　在國家劇院正前方的建築物，
就是國家高等科學研究院，最早可
追溯到17世紀，早先是捷克皇家科
學院，而目前則開放科學院內的小
型圖書館給一般民眾借閱相關書
籍，部分時間也進行展覽文化科
學相關活動。雖然這個小型圖書

館不大，但非常的優雅古典，尤其
在入口處的2隻捷克國徽的獅子，
更顯得高等科學院的權高地位，
有興趣的民眾可以前往觀看。

## 飄著咖啡香氣息的街道
# 國家大道
### Národní třída

➡ 地鐵B線Národní třída
🗺 P.64

這條連接瓦茨拉夫廣場與國家劇院的大道上商家林立,且通往河邊可以觀賞布拉格美景,此街中除了有國家劇院、高等科學院、教堂外,布拉格兩大著名的Slavia和羅浮咖啡館均在此條街上。

## 布拉格絢麗的音樂百寶盒
# 國家劇院主館
### Národní divadlo

✉ Národní 2, 110 00, Praha 1
📞 224 901 448
🕐 平時不對外開放,只有買票看戲時可進入
💲 從50克朗~1100克朗
➡ 搭乘輕軌6、9、18、17和22號至Národní divadlo
🌐 www.narodni-divadlo.cz/en
🗺 P.64

劇院內部

國家劇院坐落於伏爾塔瓦河(Vltava)河畔,是新城區的代表性建築,在夜間還會打上美麗的燈光,吸引許多人注目,另外從國家劇院所在的河岸,可遠眺布拉格城堡區與查理大橋,吸引許多觀光客在此留下美麗的回憶。可惜的是鮮少有人進去內部觀看國家劇院,其內部高貴華麗,讓人為之驚豔,

尤其親民的票價,比起其他中歐國家更是不可錯過的地方。

此地原為建築師Josef Zítek之作,但1881年開幕後幾個星期便被燒毀,但幸運的是於2年後由Josef Schulz重修完成。在此曾演出許多知名的歌劇、芭蕾如莎士比亞、柴可夫斯基、喬治・比才等傳統作品加上現代元素一一重現舞台。煩請注意前往劇院需穿著正式服裝。

### 旅行小抄

#### 撿便宜票的小祕方

如果到了布拉格想聽個歌劇,又不想花大錢的話,強烈建議你來到國家劇院主館,不僅內部富麗高雅且票價非常親民,如果開幕前1~3天票還未售完,就會將部分席次降價,作者我曾經買到50克朗的座位票。還有國家劇院的座位都經過設計,彼此之間以穿插方式交疊,所以聽眾們不會相互擋住或干擾,通常開演前30分鐘開放進場。國家劇院的廣場也是每季布拉格創意市集的展覽地與文藝開放地,成為年輕人聊天聚集的地方。

## 獨家推薦

布拉格的迷你水立方

# 國家劇院之新舞臺

### Nová scéna Národního divadla

✉ Národní 4, 110 00, Praha 1
☎ 224 901 448
◎ 平時不對外開放，只有買票看戲時可進入
$ 120克朗～690克朗
➡ 輕軌6、9、18、22號至Národní divadlo
http www.narodni-divadlo.cz/en/new-stage
MAP P.64

位於主館旁，建於1983年，是個以4千多個吹製的透明玻璃組成的方塊現代建築，在此展出特定的舞台劇、戲劇，甚至馬戲團表演，吸引許多除了傳統歌劇外想嘗鮮的民眾。此處的中庭常常展出許多文化活動，春夏秋的創意市集也多半在此舉行。

國家劇院與新舞台

新舞台外觀

---

## 獨家推薦

歐洲最美歌劇院之一

# 國家劇院之歌劇院

### Státní opera

✉ Wilsonova 4, 110 00, Praha 1
☎ 224 901 448
◎ 平時不對外開放，只有買票看戲時可進入
$ 180克朗～1,290克朗
➡ 地鐵C線Muzeum或Hlavní nádraži步行前往
http www.narodni-divadlo.cz/en/state-opera
MAP P.65

位於國家博物館與中央車站之間的國家歌劇院，外表雖不起眼，但內部精美的金色雕飾配上洛可可風格裝潢，與國家劇院主館的富麗堂皇不相上下，更被號稱歐洲最美麗的歌劇院之一。

建於1888年，原為布拉格德文舞臺，專門演出華格納(Wagner)作品之用，直到2012年才被規畫成國家劇院的分館。

外觀

內部

## 引爆胡斯戰爭的開端
# 布拉格新市政廳
### Novoměstská radnice Praha

✉ Karlovo náměstí 1/23, 128 00, Praha 2
☎ 224 948 229
🕐 週二～日10:00～18:00
💲 全票50克朗
➡ 地鐵B線Karlovo Náměstí步行約3分鐘
http www.nrpraha.cz
MAP P.64

　　建立於14世紀的哥德式塔樓，於16世紀改為文藝復興式建築，包括有禮拜堂與塔樓，內部則是哥德式的大廳。其中最著名的歷史——布拉格第一次丟窗事件，引發了胡斯戰爭。1419年7月30日因為長期的宗教抗爭運動，連原本支持胡斯派的瓦茨拉夫國王，也因為擔心王權不穩而轉向壓制逮捕胡斯派，此日胡斯派在Jan Želivský的帶領下到新城區的新市政廳下示威，但是卻遭到官員下令向示威民眾丟擲石塊，而遭氣憤的民眾衝破新市政廳，將7位官員從窗口丟出，成為第一次布拉格丟窗事件，引發胡斯戰爭。

新市政廳內部

建築外觀

## 車水馬龍的旅行者聚集地
# 布拉格中央火車站
### Praha hlavní nádraží

✉ Wilsonova 300/8, 110 00, Praha 1
☎ 840 112 113
🕐 週二～日10:00～18:00
➡ 地鐵C線Hlavní Nádraží或輕軌9,5號至Hlavní Nádraží
http www.cd.cz
MAP P.65

　　中央車站是捷克最大的車站，也是通往其他城市與跨國的主要車站，每日都充滿著旅行的人們。於1871年建構而成，經過多次整修後，室內寬廣新穎明亮，商家林立，像個小型購物商場。前往月台前別忘了抬頭看看有個以新藝術風格裝飾得華麗且精細雕刻的圓拱穹頂天花板，是在2013年重新修繕而成。目前中央車站仍持續在做外部的整修，但不影響內部營運與搭乘火車。

整修過後的平面樓層與上層圓拱穹頂

中央車站內景觀

## 獨家推薦

### 粉紅沙龍的糖果屋
# 耶路撒冷猶太會堂
**Jeruzalémská Synagoga**

- ✉ Jeruzalémská 1310/7, 110 00, Praha 1
- ☎ 222 319 002
- ⏰ 4～10月11:00～17:00；週六與猶太假期公休
- 💲 成人80克朗，15歲以下與學生50克朗，6歲以下免費
- ➡ 輕軌3、5、9號至Jindřišská步行2分鐘即可
- MAP P.65

　　這間教堂雖不在猶太區內，但靠近中央車站，外觀充滿各種顏色就像糖果屋般可愛。整體建築架構罕見地結合新藝術風格與摩爾復興風格，內部多為金碧輝煌的維也納新藝術風格裝飾畫作。從2008年後開放給遊客參觀，內部與在猶太區的西班牙會堂有相似風格。

---

### 讓女人荷包大失血的血拚處
# 護城河街（步行街）
**Na příkopě**

- ✉ Na příkopě ,110 00,Praha1
- MAP P.64

　　這條街是布拉格遊客最多的街道之一，起始於瓦茨拉夫廣場方向，通往火藥塔、市民會館。兩旁各大商場林立，也吸引許多遊客前往，於1985年已規畫為人行道專用區。由於兩旁的商家都是坐落在歷史建築內，經過重新裝潢整修，所以常常走入店家時會有意想不到的驚喜。可以嘗試位於8號的Mango服飾或是Benetton。

街景

### 旅行小抄

#### 高密度的購物天堂

布拉格的購物地點眾多，曾有統計以人口和百貨密集度，布拉格在歐洲可說是數一數二的高。想要購買精品的民眾需要前往巴黎街。Mango、Zara等平價品牌可以在市中心護城河或是瓦茨拉夫廣場兩旁商場找到。幾個大型購物商場相近的地鐵站有A線Flora；B線Náměstí Republiky、Černý Most、Českomoravská、Národní třída、Anděl；C線Pankrác、Chodov。捷克每年有2個大打折季節，分別是冬天的聖誕節，開始從8折一路降到1月底的對折或是更低；夏天則是從7月份到8月底，除此之外復活節也會有少部分的折扣。

## 貼近新藝術大師
# 慕夏博物館
**Muchovo Muzeum Praha**

✉ Kaunický Palác, Panská 7, 110 00, Praha 1
📞 224 216 415
🕐 10:00~18:00
💲 全票240克朗、學生、孩童、老人半票160克朗，家庭票(2大2小)600克朗
➡ 輕軌3、9、14至Jindřišská或地鐵B線Náměstí Republiky往出口Náměstí Republiky
http www.mucha.cz
MAP P.64

如果說巴塞隆納之於高第(Antoni Gaudí i Cornet)，那布拉格就是慕夏(Alfons Maria Mucha)之最。在這裡展出了慕夏大師生平的工作內容、手稿與其新藝術海報創作，喜歡他廣告插畫風格的遊客可前往。但可惜的是此處空間不大，且並非國家組織，所以只能堪稱展覽館並非博物館等級。如果想要親眼見識慕夏大師的新藝術裝飾，可以前往市民會館或是聖維特大教堂，如果是要體驗慕夏大師的世紀斯拉夫史詩之作，可以前往國家藝廊。

知識充電站

### 慕夏的生涯最高傑作

慕夏的裝置藝術作品與廣告插畫遍及美國、巴黎、捷克，所謂的新藝術風格就是由他開啟，又被人們稱為新藝術大師。他的畫作非常細膩、鮮明，擅於繪製女性柔順帶有飄逸感的長袍，且添加人物、花飾風格，結合古典藝術創造出獨樹一格的設計，因而深受廣告界的喜愛。但他個人內心追求更尊貴與崇高的理想，所以他花了將近20年的時間與精力創造出與他原有廣告風格截然不同的創世巨作──《斯拉夫史詩》(Slovanská epopej)，這幅畫約為1到2層樓高，運用特別的光影畫風從不同的角度賞析都有不同的感覺。最後他決定捐獻給他的母國，來作為他人生中最驕傲且絢爛的光輝，目前暫時在國家藝廊展出中。

## 富麗堂皇的音樂殿堂
# 市民會館
### Obecní dům

✉ Náměstí Republiky 5, 111 21, Praha
🕐 週一～日10:00～20:00
💲 入內參觀必須參加導覽,成人290克朗,學生240克朗,家庭票500克朗 (最多2大人3孩童),兒童10歲以下免費,持有布拉格卡85折
➡ 地鐵B線Náměstí Republiky,往出口Náměstí Republiky或Obecní dům
http www.obecnidum.cz
MAP P.65

外觀與火藥塔相接

市民會館是布拉格著名的音樂廳和地標建築,坐落在老城與新城之間的共和國廣場(Náměstí Republiky),是過去皇室國王加冕的遊行起始點。內部金碧輝煌、奢華典雅,充滿著新藝術風格,並兼具歷史意義,但於19世紀末被拆毀。1905～1912年間交由建築師奧斯瓦爾德(Osvald Polívka)和安東尼·巴爾沙內克(Antonín Balšánek)攜手完成,並由數十位頂尖藝術家為其裝潢,其中又以最知名的新裝飾藝術大師慕夏擔綱內部裝設。

史邁坦納廳(Smetana Hall)為整

入口處

慕夏的畫作

布拉格之春音樂會慶典

史邁坦納音樂廳

個建築的中心，每年布拉格之春音樂季開幕典禮都在此舉行，平時作為音樂會廳使用。

市民會館入口上方覆蓋著巴洛克式的玻璃圓頂帷幕，並妝點著鍍金神話預言人物雕刻，馬賽克畫《向布拉格致意》為史畢勒(Karel Spillar)的作品。一進入市民會館的樓梯上方，就會看到眼前的彩色玻璃窗以紅、藍、白的緞帶圍繞著愛心型的葉子裝飾，這是以捷克國樹配上捷克國旗顏色所做的巧思設計。

市民會館並非博物館，而是開放給大眾使用，所以如果有興趣想要租借場地，也可以透過申請借用。來到市民會館請不要錯過其中的法國餐廳，裡面的行政主廚Jan Horký可是捷克知名人物之一，曾為美國總統歐巴馬與西班牙公主料理佳餚，但入內需穿著正式服裝。如想嘗試捷克料理的人，也可以前往地下室的皮爾森餐廳。

展覽宴客廳與其房間

## 欣賞芭蕾舞的殿堂
# 海伯麗娜劇院
### Divadlo Hybernia

- ✉ Nám. Republiky 4 ,110 00, Praha 1
- ☎ 221 419 412
- 🕐 週一～六9:00～19:00，週日10:00～15:00
- ➡ 地鐵B線Náměstí Republiky往出口Náměstí Republiky
- 🌐 www.hybernia.eu
- 🗺 P.65

海伯麗娜劇院門口

位於市民會館對面，此地每天都上演不同的芭蕾舞劇或歌劇，吸引許多遊客參觀。17世紀時原為哥德式教堂，後來重建後改為巴洛克風格的修道院，但因遭到破壞而再次重建。此處展覽過許多文化與專題活動，直到2006年才改為劇院，開放民眾欣賞戲劇，此處也是拍攝市民會館與火藥塔的好地方。

---

### 獨家推薦 獨一無二的布拉格縮影
# 布拉格市立博物館
### Muzeum hlavního města Prahy

- ✉ Na Poříčí 52, 186 00, Praha 8
- ☎ 224 816 772
- 🕐 週二～日09:00～18:00
- 💲 全票120克朗，半票50克朗，家庭票200克朗
- ➡ 地鐵C線Florenc步行2分鐘
- 🌐 www.muzeumprahy.cz
- 🗺 P.65

內部

位於中央巴士站、地鐵Florenc旁的市立博物館，成立超過130年，但並不是國家博物館。建築本

真跡

身是文藝復興時期風格，進入博物館時，首先映入眼簾的是挑高的屋頂加上漂亮的水晶燈吊飾，踩在紅地毯上感覺像是走進了五星級酒店。在此展出許多與布拉格相關的歷史與收藏，最特別的展出是全世界獨一無二、由Antonín Langweil以紙製作、比例為1:480的布拉格歷史中心模型，目前館方也以3D眼鏡方式讓民眾有如身入其境般仔細觀看Langweil眼中的布拉格舊時巷弄。此外天文鐘上的日曆真跡也在此展出。

外觀

**Nové Město**

## 伏爾塔瓦河(Vltava)

➡ 可沿地鐵Staroměstská走到地鐵Karlovo náměstí (Palackého náměstí出口)河岸
MAP P.64

玩家交流

布拉格除了各個景點之外，美麗的伏爾塔瓦河環繞著整個城市，加上多座橫跨兩岸的橋樑，造就出美麗動人的景致。從國家劇院為起點到高堡

Botel船屋酒店

區的河畔，在春夏秋季總是吸引許多捷克人帶著孩子或寵物沿著河畔散步、踩天鵝船遊湖畔、前往跳舞房子旁的河堤邊餵鴨子，或是參加週末的河畔傳統市集，偶爾也會上船屋在露天的甲板上喝杯沁涼的啤酒，這都是捷克人享受生活的方式與態度，如果想要住在船屋裡，也可以試試看預訂Botel，別忘記愜意地體驗一下吧！

沿河美景

活潑跳動之屋

# 跳舞的房子

### Tančící dům

✉ Jiráskovo náměstí 1981/6, 120 00, Praha 2
📞 605 083 611
➡ 輕軌3、17號至Jiráskovo náměstí
http www.tancici-dum.cz
MAP P.64

建於1996年的現代前衛建築，由捷克籍的Vlado Milunić與加拿大籍的Frank Gehry共同合作，又稱為Fred and Ginger。此設計是以一對跳舞的舞者Fred and Ginger為架構，做出外觀像是一個男士抱著女舞者著腰間跳舞的姿勢。目前此建築內部為租用辦公室與藝廊，頂樓天台部分是一間法式米其林餐廳Celeste Restaurant。每天晚上會打上燈光讓人從河邊看來目光為之一亮。在燈光節的時候更會打出不同顏色的光芒，非常絢麗。

從河面看跳舞房子

燈光節特別打出不同光色

## 平價高雅的消費品味
## Na příkopě街
## (步行街)

**MAP** P.64

如果說老城區購物區是巴黎街，那新城區就是以護城河(Na

příkopě)街作為代表。此街道上林立許多大小國民品牌，像是位於4號的Benetton、8號的Mango、15號的Zara旗艦店、16號的Lacoste，19～21號的H&M等，部分店家仍然維持建築內部的高雅風格，不僅是購物，更滿足視覺的享受。

街景

服飾內部裝潢

## 璀璨閃耀的尊貴美感
## Moser水晶玻璃

✉ Na příkopě 12,Praha 1
☎ 224 211 293
🕙 10:00～19:00
➡ 地鐵A線Můstek或B線Náměstí Republiky
🌐 www.moser-glass.com
**MAP** P.64

頂級奢華的水晶玻璃品牌摩瑟(Moser)在捷克的第一間店，開店後一直延續至今，內部保有木製的天花板與彩色玻璃窗，非常奢華高貴。店內也提供海外寄送服務，給不便攜帶的客人另外一種選

擇。此品牌的玻璃不添加矽的成分，以自然的七彩透亮光澤，配上專業的手工製作雕刻，每一個杯子都是獨一無二的尊貴。

外觀

內部 ▶

## 耐穿好走的本地鞋品

# Bat'a鞋

✉ Václavské nám. 6, 110 00, Praha 1
📞 221 088 478
🕐 週一～五09:00～21:00,週六09:00～
20:00,週日10:00～20:00
➡ 地鐵A線Můstek
🌐 www.bata.cz
🗺 P.64

捷克品牌之一的Bat'a鞋,其戶外
與防滑系列,以及女用的雪靴深受
大眾歡迎,大部分為捷克本地或義
大利工廠製作,是真皮的皮件,價

店面內部

門口

格卻不貴。位於瓦茨拉夫廣場的
旗艦店高達3層樓,並且也販售相
關合作品牌商品,如果受不了布拉
格硬底的石板路,不妨前往買一雙
耐穿的鞋子吧!

## 年輕新穎的造型文具品牌

獨家
推薦

# Papelote

✉ Vojtěšská 241/9, 110 00, Praha 1
📞 774 719 113
🕐 週一～五11:00～19:00,週六12:00～18:00
➡ 輕軌3號至Myslíkova步行7分鐘
🌐 www.papelote.cz
🗺 P.64

捷克製造的新穎文具品牌,可
愛俏皮的店內裝潢,加上簡單、
色彩多樣的設計深受許多年輕人

活潑可愛的風格令人愛不釋手

的喜愛。以簡約大方的設計加上
特製的回收紙製用品,配上獨
特的書套與活潑簡單的色彩與註
解,非常的獨特。

店面外觀

多樣變化風格產品

151

## 全捷克最大旗艦書店
# 大型書店
# Palác knih Luxor

✉ Václavské náměstí 41,110 00, Praha 1
☎ 296 110 368
🕐 週一～五08:00～20:00，週六09:00～
19:00，週日10:00～19:00
➡ 地鐵A線Můstek或輕軌3、9、14、24號至
Václavské náměstí
🌐 neoluxor.cz/pobocky/praha/palac-knih-luxor
🗺 P.65

　　全捷克最大的書店旗艦店就位
在瓦茨拉夫廣場上，裡面販售許多
書籍與文具，對於遊客而言，可以
在此看到許多布拉格相關書籍與月
曆，並選購便宜且多樣的明信片。

## 讓人瘋狂的購物殿堂
# Palladium

✉ Náměstí Republiky 1, 110 00, Praha 1
☎ 225 770 250
🕐 週日～三09:00～21:00，週四～六09:00～
22:00
➡ 地鐵B線Náměstí Republiky
🌐 www.palladiumpraha.cz
🗺 P.65

　　位於市中心，總共擁有上下5
層樓，是個擁有約200間店家的
大型購物商場暨餐館，與地鐵站
Náměstí Republiky連接，在此你可
以選購多數歐洲品牌，是個十足
讓女人發失心瘋的購物殿堂。

## 親民採買路線的百貨商場
# My Národní
# TESCO

✉ Národní 63/26, 113 89, Praha 1
☎ 272 087 111
🕐 週一～六07:00～21:00，週日08:00～20:00
➡ 地鐵B線Národní třída
🌐 www.itesco.cz/cs
🗺 P.64

　　大型超市Tesco集團的賣場，除
了Tesco超市之外，也販售許多衣
服鞋類品牌，最頂層是兒童衣物
與廚具賣場，品牌雖不多，但不
定時會有折購季，是市中心百貨
公司中價格走親民路線的地方。

## 擁有卡夫卡創意雕塑的商場
# Quadrio

✉ Vladislavova 1390/17,Praha 1
🕐 週一～六07:00～21:00，週日08:00～21:00
➡ 地鐵B線Národní třída
🌐 www.quadrio.cz
🗺 P.64

　　辦公室與商場結合的新穎百貨
商場，挑高明亮的設計讓人雙眼為
之一亮。就位於Tesco My隔壁，與
地鐵Národní třída連接非常方便。
在此購物中心後方有個以卡夫卡為
造型製作的大型創意雕塑品，非常
吸睛，每隔幾分鐘就會旋轉一次。

# 特色餐飲

## 巴西窯烤吃到飽
## Ambiente Brasileiro

✉ Na Příkopě 22,110 00, Praha 1
☎ 221 451 200
🕐 每日12:00〜00:00
➡ 地鐵B線Náměstí Republiky
🌐 brasileiro-slovanskydum.ambi.cz/en
🗺 P.64

　　如同臺灣的王品集團，捷克最大的美食集團之一Ambiente旗下的這間巴西窯烤餐廳，用餐時間總是供不應求，之後還多開了一間來紓解人潮。這間吃到飽的巴西窯烤美食，使用現烤多汁的各種肉類，加上非常快速的上餐服務，吸引許多人前往。此外還有琳瑯滿目的新鮮沙拉吧，非常的適合想要大啖美食的民眾。

## 率先歡迎女性顧客蒞臨
## 羅浮咖啡館
## Café Louvre

百年老店

✉ Národní 22, 110 00, Praha 1
☎ 224 930 949
🕐 08:00〜23:30
➡ 地鐵B線至Národní třída步行3分鐘
🌐 www.cafelouvre.cz
🗺 P.64

亮的用餐環境與快速服務，高貴不貴的價格，吸引許多遊客前往。此處也擁有許多歷史回憶，包括20世紀剛展開的女權主義，此處也敞開大門歡迎上流社會的女性造訪；而後蘇聯統治時期，因為害怕中產階級的集中反抗，被迫停止營業，直到1992年才重啟開業。

　　捷克三大百年咖啡館之一的羅浮咖啡館，因座上嘉賓有愛因斯坦、卡夫卡而知名。內部玫瑰色與純白相間的典雅裝潢，加上寬敞明

內部裝設

入口處與販售紀念品

### ▌見證蘇聯入侵的重要時刻
# 斯拉維亞咖啡
## Kavárna Slavia
**百年老店**

✉ Smetanovo nábřeží 1012/2, Praha 1
📞 224 218 493
🕐 週一～五08:00～00:00，週六～日09:00～
   00:00
➡ 輕軌9、17、18、22號至Národní divadlo
🌐 www.cafeslavia.cz
🗺 P.64

　　名列捷克三大百年咖啡館之一
的Slavia，創立於1881年，擁有絕佳
的轉角位置與明亮大窗，這扇窗
除了讓客人能欣賞到絕佳的風景
外，也見證了1960年蘇聯坦克車開
入布拉格的情況。如今悲慘過往不
再，取而代之的是美麗的河景配上

從咖啡館外可看到的風景

布拉格城堡與繁華喧鬧的街道。值
得一提的是，此餐廳晚間7點會有
鋼琴演奏表演，想要聆聽美妙琴音
的人可前往用餐。價格合理不貴，
店內也提供酒精類的咖啡，想嘗鮮
的人可以試試看。

早餐與茶點

### ▌每天現做新鮮糕點
# Café Savoy
**百年老店**

✉ Vítězná 124/5, 150 00, Praha 5
📞 257 311 562
🕐 週一～五08:00～22:30，週六～日09:00～
   22:30
➡ 輕軌22、9號至Újezd步行3分鐘
🌐 cafesavoy.ambi.cz/cz
🗺 P.64

　　捷克三大百年咖啡館之一的
Savoy，也是隸屬於美食集團
Ambiente旗下。其挑高奢華又精緻
的天花板與水晶吊燈，是讓人注目
的亮點之一。其糕點麵包每天都是

店面外觀

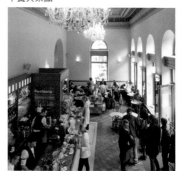

店內總是充滿人潮

由當場新鮮現做的開放大廚房與
烘焙坊製作，讓人吃得很安心，整
牆的酒瓶擺設顯得高貴典雅，再加
上上菜速度與優良服務態度，每天
早上都吸引大批民眾前往品嘗。

## 尊榮典雅的馬賽克裝飾

**百年老店**

# 帝國酒店咖啡廳
# Café Imperial - Art Deco Imperial Hotel Prague

✉ Na porici 15, 110 00, Praha 1
☎ 246 011 440
🕐 每日06:30～23:00
➡ 地鐵B線Náměstí Republiky 或輕軌3、8、14號至Bílá labuť
🌐 www.cafeimperial.cz
🗺 P.65

始建於1914年的百年酒店，裝潢可分為3種風格：裝飾、立體與新藝術風格，並在2005年經過重新整修，也是捷克國家文化紀念處

酒店外觀

之一，捷克第一任總統馬薩利克(Tomáš Garrigue Masaryk)與卡夫卡都曾是座上貴賓。

最受矚目的是酒店附設的咖啡館，牆面與天花板全採用新藝術風格的馬賽克磁磚拼貼而成，華麗高貴。其行政主廚是捷克知名的Zdeněk Pohlreich，推薦品嘗此處的雞湯，價格並沒有想像中貴，喜歡的人可以來此一試。帝國酒店內部的咖啡館在2014年剛歡度100週年慶，可說是布拉格人氣最高的餐廳，並曾被評選為歐洲十大美麗咖啡館之一，許多知名歌手都曾在此拍攝MV。由於非常受大眾歡迎，如果用餐時間沒有預約幾乎是無法進入，強烈建議大家事先預約。

店內獨特的馬賽克拼貼

## 用小火車載送餐點到桌

**獨家推薦**

# VÝTOPNA

✉ Václavské náměstí 802/56 2F, Praha 1
☎ 725 190 646
🕐 週一～四11:00～23:30、週五～六11:00～00:30、週日11:00～23:00
➡ 地鐵C線Muzeum或輕軌3、9、14、24至Václavské náměstí
🌐 www.vytopna.cz
🗺 P.65

這家位於瓦茨拉夫廣場2樓的店家，經過的遊客常常都會看到服務生站在門前，脖子上掛著長型的火車模型載著啤酒瓶。這間裝潢頗具創意的火車餐廳，以非常可愛的火

車鐵軌排滿整間店家與桌面，凡客人點購的飲品，都會以迷你小火車送進餐桌上的軌道，不假他人之手。唯獨餐點稍貴，比較建議想喝啤酒的人前往。

餐廳樓下招攬客人的方式

以火車鐵軌運送飲品

### ■ 傳承500年的博物館酒店
# U Flekŭ

百年老店

- ✉ Křemencova 11, Praha 1
- ☎ 224 934 019
- 🕐 每日10:00～23:00
- ➡ 輕軌3號至Myslíkova步行3分鐘
- http en.ufleku.cz
- MAP P.64

　　這間擁有500多年歷史的捷克酒吧餐廳，創立於1499年，其特製啤酒至今依然延續流傳，提供傳統的捷克餐點。內部非常美麗，有如一個迷你小宮殿，目前也開放部分區域當作博物館供顧客參觀。但由於觀光客旅行團居多，所以一位難求，比較建議大家如果真的想要一探究竟，週末餐館有特別提供傳統捷克表演。

店內特製啤酒與蜂蜜酒

門口外復古的時鐘　用餐環境

傳統遞餐方式

---

### ■ 品味500年傳承的釀酒歷程
# U Medvídkŭ

百年老店

- ✉ Na Perštýně 345/7, 110 00, Praha 1
- ☎ 224 211 916
- 🕐 週一～五11:00～23:00，週六11:30～23:00，週日11:30～22:00
- ➡ 地鐵B線Národní třída步行3分鐘
- http www.umedvidku.cz/index.php/en
- MAP P.64

　　創始於1466年的另外一間超過500年歷史的捷克酒吧餐廳，位在地鐵站Národní třída不遠處，其自釀的啤酒也提供販售。寬敞的用餐環境可以容納百人，除了提供捷克傳統餐點外也提供其他料理。店內更展示此店家歷史與啤酒釀造過程，並附設Hotel供應住宿。

---

### ■ 親民而雅緻的歷史酒吧餐廳
# U Vejvodŭ

百年老店

- ✉ Jilská 4, 110 00, Praha 1
- ☎ 224 219 999
- 🕐 週一～四10:00～03:00，週五～六10:00～04:00，週日10:00～02:00
- ➡ 地鐵B線Národní třída步行3分鐘
- http www.restauraceuevejvodu.cz/?page=home&lang=EN
- MAP P.64

　　可回溯到1403年的另一間個超過500年歷史的捷克酒吧，外牆擁有非常特殊的石堆拱門，與內部的戶外用餐環境。其餐廳建立於1637年，提供多種捷克料理，親民的價格與漂亮的吧台，非常受到旅客的喜愛。

特殊的入口

### 以歡樂音樂表演吸引遊客
# Obecní dům, Plzeňská restaurace

✉ Náměstí Republiky 5, 110 00, Praha 1
☎ 222 002 770
🕐 每日11:30～23:00
➡ 地鐵B線Náměstí Republiky
🌐 www.plzenskarestaurace.cz/en
🗺 P.65

寬大的座位席

餐廳內演奏傳統歌謠　店內提供傳統酒精飲品Becherovka

位於市民會館下方的皮爾森餐館，由於採用新藝術風格，加上寬敞的用餐環境和簡單明瞭的菜單，價格不貴，受到許多旅行團與遊客的喜愛，加上晚餐時間不定時會表演手風琴與大提琴的捷克民俗音樂演唱，時時刻刻充滿歡樂的氛圍。在此可以嘗試捷克當地的烤鴨，但需注意如果用餐時間人多，上餐時間需要耐心等待！

### 多樣時尚口味的連鎖品牌酒店
# Potrefená Husa

✉ Dlážděná 7, Praha
☎ 224 243 631
🕐 每日10:00～22:00
➡ 地鐵B線Náměstí Republiky往Masarykovo nádraží
🌐 www.potrefena-husa.eu/cz
🗺 P.65

喜歡布拉格啤酒Staropramen，那絕對不要錯過這間連鎖的品牌酒店，其特色是有眾多口味的啤酒，不僅餐點好吃且裝潢非常現代化有時尚感，吸引許多捷克當地年輕民眾的喜愛，隨處都可以看到此間連鎖店。

分量大的豬腳

### 全城最新鮮製作的沙拉麵包
# Zlatý kříž

獨家推薦

✉ Jungmannovo náměstí 751/19, 110 00, Praha 1
☎ 222 519 451
🕐 週一～五06:30～19:00，週六09:00～15:00
➡ 地鐵B線Můstek出口Jungmannovo náměstí
🌐 www.lahudkyzlatykriz-praha.cz
🗺 P.64

想當個偽捷克人嗎？那你一定要嘗試看看沙拉麵包，這是捷克人不管是早餐、野餐，或是旅遊的搭配點心。小小的麵包上面放著多樣化的沙拉，尤其火腿蛋沙拉麵包是捷克人最喜愛的口味之一。這間號稱全城市最新鮮製作的沙拉麵包，記得來嘗嘗看呦！

# Vyšehrad
# 高堡區

## 概況導覽

### 布拉格的靈魂

始建於10世紀的高堡區，如果說它是波西米亞的發源地可說一點也不為過。這裡不只是象徵捷克的精神與來源地，更是緬懷老祖先守護捷克子民的地區，許多歷史的傳說與見證在此處都一覽無遺，其中Libuš公主與Přemysl的傳說最讓人津津樂道。此處最一開始是Přemysl王朝的城堡，一直到12世紀慢慢沒落，到了15世紀因為胡斯戰爭遭受嚴重的摧毀。到了查理四世開始發展現在的布拉格城堡後，此區於是漸漸被取代。平時遊客不多，但卻是捷克人週末假日戶外散心的好地方。

✉ V pevnosti 159/5b, 128 00, Praha 2
🕐 11～3月09:30～17:00，4～10月09:30～18:00
http www.praha-vysehrad.cz

☎ 241 410 348
➡ 地鐵C線Vyšehrad
MAP P.62

# 熱門景點

## 城門的重要防禦口
# 泰柏門
**Táborská brána**

MAP P.62

如果從地鐵站C線Vyšehrad走入正門口，第一個映入眼簾的就是泰柏門，建於1655～1656年，是用來從事防禦城堡的主要閘門，通道上方的小空間分別是守衛與辦公室等防禦管理之用。

## 城門的閘口
# 利奧波德門
**Leopoldova brána**

MAP P.62

穿過泰柏門後會看到另外一個城門，頂上有2隻臥躺的石獅子與中間3個突出的盾牌。此門可依滑輪拉動的原理控制城門的開關作用。

## 布拉格歷史最悠久的教堂
# 聖馬丁圓型小教堂
**Rotunda sv. Martina**

MAP P.62

高堡區內最古老的建築物，也是布拉格最悠久的教堂，就是這座聖馬丁圓形教堂。建於11世紀，是為了Vratislav二世所建造，到了18世紀被當作火藥庫使用，但由於歷史悠久，所以大門與內部的壁畫都是19世紀後整修完成。由於開放時間較短，所以前往之前建議先查詢開放時間。

159

# 獨家推薦 高堡區砲台
## Vyšehradské Kasematy a Gorlice

MAP P.62

整個高堡區被綿延不絕的高大城牆所圍繞，部分城牆裡面其實也是作為砲台要塞使用，目的在於隱藏軍隊與暗中操控軍情。

高堡區歷史講解

參觀長達1公里、高達2公尺的砲台，還可以從內部看見部分從地上圓孔蓋照射進來的光線，參觀最終點則是整個砲台面積

高堡區砲台地道與Gorlice

最廣大的Gorlice，此處早期被當作防空洞或用來儲存布拉格區的蔬果，後來停止使用後關閉，直到1992年在此分別安放8尊查理大橋上的雕像真跡，吸引許多人好奇前往參觀。

查理大橋雕像真跡

Vyšehrad

160

## 認識高堡區的歷史
# 紅磚之門
**Cihelná brána**

MAP P.62

　　高大的紅磚之門就是參加Gorlice導覽的購票處，導覽時間約1小時，購票後在原地等待，會開始介紹布拉格與高堡區的歷史淵源，並搭配布拉格的立體模型加上燈光投射。此地於2014年才重新裝修完成。之後會帶著遊客前往砲台與Gorlice，但需注意內部由於不透光所以溫度較低，記得攜帶保暖衣物。

## 教士、惡魔與神的賭注

# 惡魔之石
**Čertův sloup**

MAP P.62

　　在墓園後方的小綠地上，有個堆成三角狀的石柱群，相傳教會的傳教士跟一個叫Zardan的惡魔打賭，惡魔可以在牧師做完彌撒之前，從羅馬教堂搬石柱到高堡區，後來因為在聖彼得的協助之下，惡魔無法順利將石柱搬來，一氣之下就將石柱丟在此地。

## 神話遺跡的見證
# Libuš澡堂遺跡
**Libušina lázeň**

MAP P.62

　　位在高堡區岩石上的斷岩壁，被發現是中古世紀的古老遺跡，來源已不可考，眾人傳說是與創立捷克王國的神話人物Libuš公主時代有關。

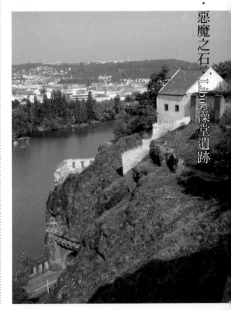

# 聖彼得聖保羅大教堂

**Kapitulní chrám sv. Petra a Pavla**

MAP P.62

高堡區最亮眼的景點之一就是這座高聳的哥德式教堂，它是捷克國王Vratislav二世於11世紀時所建，經過好幾世代的嚴重毀損與重建，建築風格從文藝復興到巴洛克，最後又再回到哥德式。最特別的是它有個高58公尺的尖塔樓、內部的新藝術壁畫，以及大門上豐富的馬賽克拼磚，讓此教堂也成為布拉格的地標之一。

教堂外觀

內部精緻的新藝術壁畫

# 夏日戶外劇場

**Letní scéna**

MAP P.62

每年的6～9月，高堡區的夏日戶外劇場總是吸引捷克當地居民前往聆聽音樂劇，此處為高堡區圍牆北端的凸角堡壘，舊時被當作防禦之用。

**Vyšehrad**

↑墓園景觀入口　↗大型紀念墓碑Slavín

## 影響捷克的偉人長眠處
# 高堡區公墓
### Vyšehradský hřbitov

MAP P.62

如果說墓園是景點常常會令人感到害怕，但是在高堡區的墓園每年都會吸引上萬名觀光客的目光。這個從19世紀末就在教堂旁的墓園，以優美的棺木碑文與許多在此長眠的捷克歷史重要人物陵墓聞名，讓人不只可以緬懷祖先，更能深刻的體會這些祖先們對捷克的貢獻與事蹟。

多處墳墓的碑文與雕像都代表其人生前的相關事蹟，所以走進此墓園就像是快速瀏覽捷克的歷史書一般。可以從入口處對照名人與其安葬位置，其中作曲家史邁坦納、德弗札克，新藝術家慕

史邁坦納棺木

夏、作家卡雷爾·恰佩克(Karel Čapek)都安眠於此，最後方的大型紀念墓碑是由Slavín建造於1890年，前方放置在耶穌十字架下方的檯子上寫著：「Kdo ve mne věří nezemře navěky」，意思為「雖然長眠於此，但他們依舊講古論今。」

知識充電站

### Robot名詞的由來

你知道機器人「Robot」這個詞，是捷克作家Karel Čapek創的嗎？他是20世紀捷克最有影響力的作家之一，也是因為他寫了一本《萬能的機器人》(Rossum's Universal Robots Rossum)一書，所以才開啟人類對機器人的無限想像與實踐。雖然許多知名人士都安葬於此，但是著名的卡夫卡卻沒有安眠在此地，而是在布拉格3區的猶太公墓長眠。

Karel Čapek棺木

# 高堡區雕像

## Sousoší

MAP P.62

位在聖彼得聖保羅大教堂旁的Vyšehradské sady (高堡公園)放置了4尊由J. V. Myslbek創作的雕像分別是Ctirad a Šárka、Libuše a Přemysl、Lumír a Píseň、Záboj a Slavoj，其中最為人樂道的是根據神話記載，寓言將會在此地興建一個國家的Libuš公主，由於她的智慧與預知能力，於是嫁給了農夫之子Přemysl，而創立了最早的王朝，並且孕育這片美麗的國土。同時在公園內還有一口舊時使用的古老水井Středověká studna，此地在夏季時總是充滿許多慵懶地享受日光浴的捷克人，同時也會舉辦許多慶典，最著名的是每年夏天的茶藝慶典，各種茶藝文化將會在此呈現。

公園內古井

4尊雕像

Vyšehrad

# 特色餐飲

便宜又美味的商業午餐

## 超高人氣親民價格創意料理
# U Kroka

✉ Vratislavova 12, 128 00, Praha 2
☎ 775 905 022
🕐 每日11:00～23:00
➡ 輕軌3、7、17至Výtoň
http www.ukroka.cz/en　　MAP P.62

餐廳外觀

　　在高堡區走累了想吃點東西嗎？這間在高堡區超人氣的餐廳，晚餐時間總是高朋滿座，裡面提供的是捷克創意料理，親民的價格受到許多民眾的喜歡。

高堡區雕像‧特色餐飲

## 岩窟裝潢風格烤肉料理
# Jediný originální pravěký restaurant

✉ Nezamyslova 10, 120 00, Praha 2
☎ 224 936 272
🕐 週一～五11:00～23:00，週六12:00～23:00，週日12:00～22:00
➡ 輕軌6、7、18、24號至Ostrčilovo náměstí步行5分鐘
http www.pravek.cz　　MAP P.62

　　這間高堡區的餐廳位於一個小地窖內，以石器時代的風格做裝

飾，提供的是烤肉類料理，非常適合胃口大、喜歡一起分享食物的民眾前往。

餐廳入口處

特製烤肉串餐點

165

# A další

# 布拉格其他景點與住宿

**概況導覽** 由於布拉格市本身交通非常方便快速且景點集中，即使是在老、新、小城區以外的地方，搭乘地鐵或輕軌也可在短時間內快速抵達，所以非常適合打算待在布拉格超過3天以上，卻又不想額外購買對外交通票券的民眾，同時，也有部分地區同樣融合了古蹟與現代化的建築，展現出特別活潑的風格，千萬不可錯過。

# 熱門景點

## 華麗壯觀的迷人教堂

### 聖魯德米利教堂

**Kostel sv. Ludmily**

獨家推薦

✉ Jugoslávská 662/27, 120 00, Praha 2
📞 222 521 558
🕐 週一、三09:00～12:00；13:00～15:00 週二、四09:00～12:00
🚇 A線Náměstí Míru
http www.ludmilavinohrady.cz　　MAP P.67

從地鐵A線Náměstí Míru一出來，就會看到一座碩大的哥德式教堂，坐落於一個大圓環的中心，旁邊圍繞著百花爭放的小型廣場與劇院，夏季的躺椅上總是坐滿愛曬日光浴的捷克人；或是可以在聖魯德米利教堂的階梯口，發現三五成群一起聊天的年輕人，有時候還能聽到戶外鋼琴的彈奏聲，非常愜意。如果有機會，別忘了一定要參觀此教堂，外觀的哥德式風格配上中心的圓形畫窗，內部宏偉華麗十分壯觀，不定時還會舉行管風琴演奏會。別錯過每年的布拉格燈光節，教堂會打上立體動畫影像，就像是活了起來，非常震撼俏皮。

↓教堂正面與側面　　→燈光節慶典

---

知 識 充 電 站

### 全歐盟最深最長的地鐵站

到了布拉格有沒有覺得每站地鐵的手扶梯速度都好快，又位在好深的地方呢？布拉格A線Náměstí Míru(和平廣場)地鐵站是全捷克最深長的地鐵站，也是歐盟最深的地鐵，深度達53公尺，想要體會從月台幾乎看不見出口的景象嗎？記得來嘗鮮一下吧！這站附近有許多特色餐廳，是外國人最喜歡居住布拉格的區域之一。

Náměstí Míru地鐵站

## 時尚浪漫的布拉格全景之最
# 布拉格TV塔
### Žižkovská věž

✉ Mahlerovy sady 1, 130 00, Praha 3
📞 210 320 081
🕐 景觀臺08:00～00:00
💲 全票180克朗，學生票120克朗
➡ 地鐵A線Jiřího z Poděbrad步行約5分鐘
🌐 www.towerpark.cz
🗺 P.67

在布拉格很難不發現這座高達216公尺的TV塔，1985～1992年間建置、配有特別發送器，但是當時由於被蘇聯統治，此電塔的建設引起當地居民的不滿與抗議，原因在於造型詭異，且興建過程拆除部分猶太墳墓，加上人民謠傳此電塔的射頻是蘇聯干擾西方傳播媒體的一種工具。隨著蘇聯的解體與民主的開放，電視塔外牆上在2000年添加了黑大衛的爬行嬰兒雕塑作品，被評為最

醜怪的塔之一，但經過2011～2012年的整修後，成為充滿漂亮優雅的餐廳、時尚浪漫的吧檯、奢華的Hotel和可以360度全覽布拉格的景觀塔，漸漸受到旅客與居民的喜愛。值得注意的是，常

TV塔日與夜

常會有企業公司包塔舉行Party，所以有時會暫停對外開放，需隨時注意官網的消息。

觀景臺現代化設計樓面

吧檯與餐廳樓面

A další

# 全世界第三大騎馬銅像

## 國家民族解放紀念館

### Národní památník na Vítkově

✉ U památníku 1900, 130 00, Praha 3

☎ 222 781 676

🕐 4～10月，週三～日10:00～18:00，11～3月，週四～日10:00～18:00

➡ 巴士133,1751207號U Památníku

🌐 www.nm.cz

🗺 P.67

　一個巨大的騎馬人像矗立在Florenc站後的Vítkov小山丘上，這是國家博物館分館的民族解放紀念館，建立於1928～1938年間，並在二戰結束後重新改造以紀念反納粹主義者。1948年後此處安葬了捷克斯洛伐克當時的傑出人士與其他無名烈士的墳墓。紀念館上面的騎馬雕像是波西米亞的民族英雄、胡斯戰爭中起義軍的統帥Jan Žižka，這也是全世界第三大的騎馬銅像。在館內上方的咖啡館與景觀臺可以看到此區域優美的風景。

特殊的銅雕門面

附設咖啡館

↑→Jan Žižka雕像

### 優雅公園增添市區美感

距離市中心不遠的Vinohrady區，除延續市中心美麗特別的建築外，此區也住著許多外國人，所以特色店家與創意料理餐廳都會在此出現，不妨沿著聖魯德米利教堂教堂旁的Korunní街尋找，或在TV塔附近都可發現。

平時可前往占地11公頃的麗格公園(Riegrovy Sady)，整個公園鋪滿草皮且呈小斜坡，可以遠眺布拉格城堡區，加上公園內的啤酒屋與香腸攤，在夏天時更是一位難求。另外一個哈維奇公園(Havlíčkovy sady)除擁有大片葡萄樹外，還有Grobe別墅、涼亭葡萄園和酒廠。原為查理四世成立的小酒廠，到了1870年被商人Grobe買下當作夏宮，其死後他的繼承人將土地開放出租給哈斯朝皇室，伊莉莎白公主與丈夫和家庭成員曾居住於此，後來賣出後又經過戰爭的轟炸摧毀，重新修復後才成為今天的樣貌。

目前除了公園之外，上方的葡萄園涼亭以優美的鏤空梁柱配上絕佳的美景，再加上一旁歷史悠久的咖啡館，深受許多結婚新人喜愛，此地也被列入國家文化古蹟。下方的Grotta人工岩洞有美麗的小噴泉與雕像，吸引許多人的注目。

---

**精品設計風格家具**

# Vinohradsky館
### Vinohradský Pavilon

**獨家推薦**

✉ Vinohradská 50, 120 00, Praha 2
☎ 222 097 100
🕐 週一～五10:00～19:30，週六10:00～18:00
➡ 輕軌11、13號至Vinohradská tržnice
http www.pavilon.cz
MAP P.67

←↑精品家具展示

經過2013年的全新裝修，原本老舊的室內市集搖身一變，成為開放明亮的精品設計家具空間，內部銷售許多設計師家具與家庭用品，喜歡空間設計或是家具設計的朋友可以前往一看。館內還附設一間開放式的閱讀咖啡館，很適合想要安靜閱讀空間的朋友們。

展場外觀

館內附設咖啡館

A další

## 全世界第七名動物園
# 布拉格動物園
### Zoo Praha

- ✉ U Trojského zámku 3/120, 171 00, Praha 7
- ☎ 296 112 230
- 🕐 11月～2月09:00～16:00，3月09:00～17:00，4月～5月、9月～10月09:00～18:00，6月～8月09:00～19:00
- 💲 全票200克朗，15歲以下孩童與學生150克朗，70歲以上老年人1克朗，家庭票600克朗（兩大人+兩位15歲以下孩童）
- ➡ 巴士112、236號至Zoologická zahrada
- 🌐 www.zoopraha.cz
- 🗺 P.66

全世界第七的動物園。

園區占地58公頃，內約有700種動物，因為整個園區呈現山坡狀所以還有機會俯瞰伏爾塔瓦河的美景，不僅如此，園內還有纜車與開放式的動物餵食秀、小動物零距離接觸、可愛的北極熊，非常受到遊客喜愛。由於動物園開放全民認養活動，所以連布萊德彼特、安潔麗娜裘莉和一些世界知名人士的認養照片都在入園區展出。

想知道全世界排名第七名的動物園是什麼模樣嗎？布拉格除了風景美麗之外，位於Troja區的動物園也很受到遊客喜愛，在2007年的富比世雜誌上被評選為全世界排名第七，2014年Tripadvisor將過去一年用戶評比，也是排名

## 美麗古典的展覽會
# 布拉格
# 世貿中心
### Výstaviště Praha Holešovice

獨家推薦

- ✉ Výstaviště 67, 170 90, Praha 7
- ☎ 220 103 111
- ➡ 輕軌12、17、24至Výstaviště Holešovice
- 🌐 www.incheba.cz
- 🗺 P.67

位於國家藝廊附近的世貿中心，常舉辦許多活動與商業展覽。世貿中心本身是一個大型的園區，包含於1891年以新藝術風格建造完成的主展館場，總共分為主要展館與兩側翼。附近還有海洋世界水族館、Křižíkova音樂噴泉、國家石雕博物館，以及春夏露天遊樂園等。值得注意的是在此處的國家石雕博物館，也有展出部分查理大橋上的雕像真跡。

世貿中心正面

側邊的石雕博物館

## 慕夏大師的畢生之作與民族驕傲
# 國家藝廊博覽會館
**Veletržní palác - Národní galerie**

- ✉ Dukelských hrdinů 530/47, 170 00, Praha 7
- ☎ 224 301 111
- ⏰ 週二～日10:00～18:00
- 💲 全票200克朗，半票100克朗
- ➡ 輕軌12、17、24至Veletržní palác
- http www.ngprague.cz
- MAP P.67

　　此處為國家藝廊的總館，原本只是私人收藏的畫廊，到了1796年，一群愛好藝術的捷克貴族們

成立了愛國藝術組織，此為國家藝廊的前身。目前總館藝廊收藏

國家藝廊外觀

許多中世紀畫作、雕像與近代藝術。其中最令人驚豔的是難能可貴的新藝術大師慕夏的《斯拉夫史詩》(Slovanská epopej)，這是第一次在布拉格展出，也是慕夏遺作中最令人讚嘆的晚年作品。慕夏花了將近20年的時間，創作出20幅高達一層樓的畫作，運用斯拉夫神話與捷克民族的精神要素，透過細膩的筆觸，展現出他自己對身為斯拉夫民族的驕傲與情懷。此畫展之價值更勝慕夏博物館，由於目前預定展出至2015年底，是否會延長請洽官網。

## 隨聲音舞動的獨特噴泉
**獨家推薦**
# Křižíkova 水舞音樂表演
**Křižíkova Fontána**

- ✉ U Výstaviště 1/20, 170 05, Praha 7
- 💲 220克朗
- ➡ 輕軌12、17、24至Výstaviště Holešovice
- http www.krizikovafontana.cz
- MAP P.67

　　位於世貿中心正後方的戶外大型水舞音樂噴泉，非常的美麗浪漫，是19世紀末的捷克工程家Křižík設計，後來20世紀又重新建造修改，是歐洲非常獨特的水舞表演之一。擁有3,000個噴水口、1,248個水底燈光，配上現場音樂歌劇或是現場交響樂團的演奏，十分獨特，所有的節目都在夜間進行，每晚大約2～3場秀。

### 參加9月葡萄酒活動

第一次來到這裡就是應捷克朋友的邀請參加一年一度的葡萄酒會，雖然需要購買便宜的特洛伊宮殿門票，但可以看到許多傳統歌謠舞蹈與許多攤販，就像是小型的市集。由於每年9月是葡萄酒的前期，所以多以口味較甜的Young Wine為主，每個攤位總是圍繞著想嘗甜的蜜蜂們就是品質保證的象徵。也會打開地窖讓民眾品嘗美酒並進行解說。除此之外，對面的葡萄園也會開放登上山頂，一覽布拉格此區風景。9月是捷克各地葡萄酒的活動月，千萬別錯過。

展出攤販與活動

特別開放地窖與品酒活動

---

## 布拉格的凡爾賽宮
# 特洛伊宮殿
### Troja zámek

- ✉ U Trojského zámku 4/1, 170 00, Praha 7
- ☎ 283 851 614
- ⏰ 1/1～4/1與每週一關閉，週二～日10:00～18:00，週五13:00～18:00
- 💲 花園與戶外空間免費，館內特展全票120克朗，半票60克朗
- ➡ 巴士112、236號至Zoologická zahrada
- 🌐 en.ghmp.cz/troja-chateau
- 🗺 P.66

位於布拉格動物園正對面的特洛伊宮殿，有著大片的城堡花園與小型迷宮，如同一個迷你的凡爾賽宮，由於城堡後方是大片的葡萄樹，每年定期會舉行盛大的葡萄酒節吸引當地民眾前往，目前宮殿內作為市立美術館展覽

館內展覽與精美壁畫

館。建於1679年的整個建築呈現巴洛克風古典義大利風格，正面通往花園的階梯是1688～1703年所興建的，扶手上的雕像是希臘神話中的地神之子、天神與巨神。最特別是館內2樓的皇家大廳裝飾著珍貴的壁畫，象徵哈布斯王朝的榮耀，且可從窗戶看見布拉格城堡，其他廳內也收藏許多19世紀的藝術品與古中國風的相關壁畫，非常值得前往。

花園景觀

## 另類UFO降臨人間
### 國家科技圖書館
**Národní technická knihovna**

獨家推薦

✉ Technická 6/2710, 160 80, Praha 6
📞 232 002 535
🕐 週一～五08:00～17:00,週六10:00～17:00
➡ 地鐵A線Dejvická
🌐 www.techlib.cz
🗺 P.66

圖書館內部

位於捷克科技大學主校區的國家科技圖書館,外型非常前衛,像是個大型的飛碟。2009年9月

造型前衛的外觀

9日啟用,內藏超過150萬冊的科技圖書,總共高達地上6層與地下3層樓,它開放所有人申請入內閱讀,內部採光良好的天井,加上簡約活潑的顏色與附設小咖啡廳,非常受到學生的喜愛。值得注意的是圖書館牆面上有200幅插畫與英文片語,是由羅馬尼亞藝術家Dan Perjovschi創作,非常有趣,值得大家省思其意義。

## 布拉格金色之泉
### Staropramen 啤酒廠
**Pivovar Staropramen**

獨家推薦

✉ Nádražní 43/84, 150 00, Praha 5
📞 273 132 589
🕐 週一～六10:00～18:00
💲 全票199克朗,半票169克朗
➡ 輕軌14號Na Knížecí或地鐵Anděl往Na Knížecí出口
🌐 www.staropramen.com　　🗺 P.66

全捷克第二大酒廠,也是出身於布拉格的Staropramen,坐落

啤酒廠外觀

啤酒廠內酒吧

於Smíchov區,成立超過百年且外銷37個國家。雖然名氣沒有皮爾森啤酒或是百威啤酒那麼大,但是靠著逗趣的廣告與特殊的水果和無酒精口味,深得多數人的喜愛。目前市占率逐漸增加中。

A další

## 歷史懷舊列車 *historických tramvají*

玩家交流

從4月起到11月，僅限週末時間，布拉格大眾運輸博物館開放特別的歷史觀光電車91號讓民眾搭乘，起點從城堡區附近的 *Vozovna Střešovic* 到終點 *Výstaviště Holešovice*，需另外購票。此電車是以古老手搖式控制，全木製的電車內部配上資深的老電車長，帶領大家一起環遊布拉格重要的觀光景點，非常有趣，終點站為布拉格世貿中心。

- ✉ Patočkova 460/4, 162 00 Praha 6
- ☎ 296 191 817　🕐 4～11月12:00～17:00
- 💲 全票35克朗，孩童20克朗
- ➡ 輕軌1、2、18、25號至Vozovna Střešovice
- 🗺 見大眾運輸博物館P.66

---

### 交通工具之家

**獨家推薦**

# 大眾運輸博物館
### Muzeum MHD

- ✉ Patočkova 460/4, 162 00, Praha 6
- ☎ 296 128 900
- 🕐 7～11月，週六、日09:00～17:00
- 💲 全票35克朗，孩童20克朗
- ➡ 輕軌1、2、18、25號至Vozovna Střešovice
- 🗺 P.66

於1993年開幕的大眾運輸博物館，如果是電車迷的民眾絕對不能錯過。捷克的重機械工業非常專業，到目前為止幾乎都是自產自用，其中外銷到其他國家的最新型Škoda電車，廣受民眾喜愛。此博物館展示超過40輛歷史電車、模型與圖片，不僅可以觀看，也開放讓民眾進入體驗。

---

### 跳脫當代設計窠臼

# DOX當代藝術中心
### DOX centrum současného umění

- ✉ Poupětova 1, Praha 7
- ☎ 295 568 123
- 🕐 週一、六、日10:00～18:00，週三、五11:00～19:00，週四11:00～21:00
- 💲 全票180克朗，半票90克朗
- ➡ 輕軌12、24號至Ortenovo náměstí
- 🌐 www.dox.cz　🗺 P.67

純白色的建築外觀雖不是特別亮眼，但是內部寬敞的空間展示了許多現代藝術設計與作品，活生生就像是個創作伸展臺，不管是室內設計，或是室外大型雕塑展覽，都讓人強烈感受到捷克設計師的創作理念與表達方式。館內設有室內外咖啡廳和底層的設計商店，在此你可以買到捷克製造的設計產品，如果是念設計的同學，此處也有販售各種設計類書籍。

# 特色餐飲

## 古色古香的傳統酒吧
## Zlatý klas

- ✉ Plzeňská 609/9, 150 00, Praha 5
- ☎ 251 562 539
- 🕐 週一～四11:00～00:00，週五11:00～01:00，週六11:30～01:00，週日11:30～23:00
- ➡ 地鐵B線Anděl出口後走約5分鐘
- http www.zlatyklas.cz

位於地鐵站Anděl附近的傳統酒吧，擁有開放的空間，座位又不失

古早味的設計感，每到週末用餐時間店裡總是人聲鼎沸，又加上部分時段轉播球賽，所以總是吸引當地的

餐廳入口

捷克人前往。值得注意的是店內

提供的捷克傳統餐點與Tatarák生牛肉非常好吃且新鮮，價格非常親民，值得嘗試。

店內的Tatarák生牛肉、傳統可樂Kofola，以及黑啤酒都很值得品嘗

## 內部別有洞天的午茶店家
## Cukrárna Alchymista

獨家推薦

- ✉ Jana Zajíce 975/7, 170 00, Praha 7
- ☎ 732 938 046
- 🕐 每日10:30～19:30
- ➡ 輕軌1、8至Sparta步行約5分鐘
- http www.alchymista.cz

這間位於捷克足球館附近看似不起眼的店家，走進店裡馬上被古老收藏品與精緻小巧的擺設給吸引住，外加內部店家巧費心思栽培的迷你小花園，夏天時坐在戶外就好像到了世外桃源，店家的胡蘿蔔蛋糕與特製果茶類飲品，非常受到各種年齡層的歡迎。

←↓明亮且別有洞天的小花園與用餐環境

## 便宜大碗美食配百威啤酒
# Budvarka

✉ Wuchterlova 336/22, Praha 6
☎ 222 960 820
🕐 每日11:00～00:00
➡ 地鐵A線Dejvická出口往Vítězné náměstí步行約5分鐘
🌐 budvarkadejvice.cz

如果想要吃到俗擱大碗的肋排、烤豬腳，那絕對不要錯過位在地鐵站Dejvická附近的百威啤酒餐廳，內部保有傳統酒館風格，配上一杯百威啤酒，真的是人間美味，非常推薦想要省錢又想吃美食體驗捷克文化的旅客。

特殊口味啤酒

## 多種自家釀製啤酒口味
# Pivovarský Dům

✉ Ječná 14, 120 44, Praha 2
☎ 296 216 666
🕐 週一～五11:00～23:30
➡ 地鐵站I.P.Pavlova步行約5分鐘
🌐 www.pivovarskydum.com

靠近地鐵站I.P.Pavlova的酒館，提供自家釀製的多種水果、咖啡口味啤酒，有興趣的民眾不妨到此處嘗試，店家會提供五顏六色的啤酒盤給客人品嘗，其捷克餐點也受到當地人喜愛。

# 住宿推薦

### 奢華級

**Boscolo Prague (5星)**
✉ Senovažne namesti 13/991, Prague 11000
🌐 prague.boscolohotels.com

**Alchymist Prague Castle Suites (5星)**
✉ Sněmovní 164/8, 118 00 Praha
🌐 www.alchymistpraguecastle.com

**Aria Hotel (5星)**
✉ Tržiště 9, Praha 1, 118 00
🌐 www.ariahotel.net/default-en.html

**Hotel Paris**
✉ U Obecního domu 1 – 110 00 Prague
🌐 www.hotel-paris.cz/en

### 經濟型

**Miss Sophie's**
✉ Melounova 3,120 00 Praha
🌐 www.miss-sophies.com

**Hotel Salvator**
✉ Truhlářská 10, 110 00 Praha 1
🌐 www.salvator.cz

**Czech Inn**
✉ Francouzská 76,101 00 Prague
🌐 www.czech-inn.com

**Hotel Koruna**
✉ Opatovicka 16, Praha 1
🌐 hotelkoruna.eu/en

**IBIS Praha**
🌐 www.ibis.com

### 背包客

**Travellers Hostel**
✉ Dlouhá 33, Praha 1
🌐 www.travellers.cz

**Equity Point Prague**
✉ Ostrovni 131/15, Praha 1
🌐 www.equity-point.com

# Blízké okolí Prahy

# 布拉格近郊城鎮

概況導覽

除了布拉格外，距離不到1小時車程的地方，有著捷克共和國不可錯過的3個重要文化遺產城鎮，分別為克諾皮許德宮殿(Konopiště)、庫納荷拉(Kutná Hora)、卡爾修坦城堡(Karlštejn)。這3處被稱為捷克共和國的三方翠玉，分別具有不可磨滅的歷史地位且均受到聯合國教科文組織的保護。除克諾皮許德宮殿需要轉車外，庫納荷拉鎮與卡爾修坦城堡從布拉格每天均開出多班直達火車，大家有機會也可以乘坐捷克國鐵的雙層火車前往。

## 分區1

# 熱門景點

### 斐迪南二世的私人標本庫
## 克諾皮許德宮殿
**Konopiště**

- ✉ Konopiště 1, 256 01, Benešov
- ☎ 317 721 366
- 💲 南側翼全票220克朗，半票140克朗；北側翼全票220克朗，半票140克朗；私人房間展覽全票320克朗，半票220克朗
- ➡ 從布拉格搭乘火車至Benešov後步行或是搭乘接駁巴士前往
- http www.zamek-konopiste.cz
- MAP P.2

在Benešov車站西方2公里處，有座外表不起眼、隱藏在山中、與湖為伴的宮殿，裡面藏著驚人的歷史過去。宮殿最後的主人就是舉世聞名的奧匈帝國繼承人斐迪南二世(Ferdinand II)，也因為他而引發了第一次世界大戰。在他死前都一直居住在此處，所以宮殿和斐迪南公爵及其家人的住所，都一直保有原樣。

斐迪南公爵一直是個熱愛打獵與收藏珍品的人，並藉此展示他的權威與喜好，所以他將他在世界各地所有的狩獵物製作成標本，標記地點與年份後懸掛在宮殿各處，作為裝飾與炫耀，總共加起來有27萬件，有如活生生的動物園。而他也蒐集了一千多幅聖喬治的畫像與其工藝品，是為了想要勝過英國國王，目前都珍藏在宮殿外的聖喬治博物館裡。

←↓城堡內外景觀

179

參觀宮殿也可到軍械室中看全歐洲最大量的舊時軍用機械，此宮殿也是全捷克第一個擁有電梯、室內電力與排水系統技術的宮殿。建築風格從一開始的哥德式轉為羅馬式風格。不只是捷克克倫洛夫城堡，克諾皮許德宮殿後方目前飼養了一隻來自東南亞的黑熊，也吸引許多遊客的參觀。

整個宮殿環繞著樹林與公園，其中玫瑰園最受許多婚禮新人的喜愛，成為拍照與宴客的地點，尤其內部開放式的野雞、孔雀和鵪鶉，總是不懼生人般愜意漫步，姿態非常美麗。如果走累了，不妨在內設的咖啡館好好坐下來休息一下。

旅客服務中心

Benešov的夏日接駁小車

# 特色餐飲

### 與王子的收藏品共進午餐

## Restaurace Stará Myslivna Konopiště
## 野味餐廳

百年老店

✉ Konopiště 2, 256 01, Benešov
☎ 281 863 746
🕐 週一～四11:00～21:00，週五～六11:00～22:00，週日11:00～21:00
http www.staramyslivna.com

擁有超過170年歷史的老餐廳，內部收藏許多古董，包括一臺20世紀初的自動鋼琴，直到目前仍然可以播放歌曲，除此之外還保存了克諾皮許德宮斐迪南公爵自古以來的狩獵標本和一些雕刻圖畫作品。此店家菜單上提供野生鹿肉，想嘗試看看的人可以前往，餐廳外也以開放式的空間飼養許多鹿供民眾餵食。

---

## 分區2

# 熱門景點

### 國王之堡與鎮國之寶
# 卡爾修坦城堡(查理城堡)
**Hrad Karlštejn**

✉ Karlštejn 172, 267 18 Karlštejn  📞 311 681 617

| 導覽團 | 開放時間 | 價格 |
|---|---|---|
| 請注意午休時間為5～9月12:00～12:30，10～4月12:00～13:00，無法入內拍照 | | |
| 導覽1<br>查理國王私人<br>與會議廳 | 1月10:00～15:00(除週一與1/1～1/5)<br>2月10:00～15:00只週末開放<br>3～6月09:30～17:30(除週一)<br>7～8月09:00～18:30<br>9月09:30～17:30(除週一)<br>10月09:30～16:30(除週一)<br>11月10:00～15:00只週末開放<br>12月10:00～15:00只週末與12/26～12/31開放，<br>12/24～12/25休 | 外國語言成人270克朗、捷語<br>170克朗<br>外國語言孩童6歲以上、學生、<br>65歲以上老人180克朗；<br>捷語孩童6歲以上、學生、65歲<br>以上老人110克朗 |
| 導覽2<br>聖十字禮拜堂<br>區域 | 1～4與12月不開放<br>5～6月09:00～17:30(除週一)<br>7～8月09:00～18:30<br>9月09:30～17:30(除週一)<br>10月09:30～16:30(除週一)<br>11月10:00～15:00(除週一) | 外國語言成人330克朗<br>外國語言孩童6歲以上、學生、<br>65歲以上老人230克朗<br>最多參觀每次16人，提前預約<br>費用每人30克朗 |
| 導覽3<br>大塔(3～5層，<br>不包含聖十字<br>禮拜堂區域) | 1～4、10、12月不開放<br>5月09:30～17:30只開放週末<br>6月09:00～17:30(除週一)<br>7～8月09:00～18:30<br>9月09:30～17:30只開放週末 | 成人150克朗<br>孩童6歲以上、學生、65歲以上<br>老人100克朗 |

➡ 布拉格搭乘火車前往Karlštejn，下車後走約10分鐘可看到聳立在半山腰的城堡
🌐 www.hradkarlstejn.cz  🗺 MAP P.2

　　位於距離布拉格約30公里的地方，有一個如同安徒生童話的城堡聳立在半山腰，這是卡爾修坦城堡，也是許多遊客拜訪布拉格之外的景點之一，不僅是外觀引人矚目，也在歷史上具有重要地位。城堡又稱作查理國王之堡，是由國王查理四世於14世紀時興建而成，城堡一開始目的就是保存與陳列皇室寶物與宗教神器，其中最知名的就是國王權杖與加冕皇冠，號稱捷克鎮國之寶，目前真品放置於布拉格城堡內，需由7個重要人物分別持7把鑰匙來開啟防護門，於特定日子才會公開展示。

整個卡爾修坦城堡有2個主要建築塔樓，中間由一座木橋連接彼此，這個用意在於如果受敵軍侵襲，國王可下令破壞木橋以防止敵人入侵。城堡最底層有一口深達80公尺的井，古時候以腳踩轉動繩子來提水，上兩層為國王與其皇室寢宮，也可以看到鱷魚的標本，這是因為古時候分不清龍與鱷魚的差別，國王打獵得到的鱷魚都會獎賞給重要嘉賓表達重視。

位於最高塔中有一個神聖且華麗的小禮拜堂，連當時的查理國王要進入時，都以脫鞋來表達尊敬。此處存放著國王的珍寶，連部分都裝飾有寶石鑲嵌的玻璃，天花板的拱型穹頂布滿有名的西奧多里克大師所描繪的129幅聖徒版畫，令人驚豔。

可惜的是，雖然查理城堡受到世界教科文組織的保護，但19世紀時因為其風格與內部變更了原始的風貌，因此無法列入世界文化遺產，不過其歷史意義與重要性是世人無法磨滅的。

**古時候如何解決擦手問題？**

古時候沒有餐巾紙，皇室成員們如何在大魚大肉後擦手呢？答案是他們直接將油膩的手擦在狗的身上！

## 分區3

# 庫納荷拉
## Kutná Hora

➡ 從布拉格前往庫納荷拉，可搭乘火車至Kutná Hora hlavní nádraží (離人骨教堂比較近，但市區較遠)，或是可以直接搭乘火車到Kutná Hora město nádraží (市中心各景點，但離人骨教堂遠)
🗺 P.184

### 銀礦小鎮繁華再現

如同臺灣的九份、金瓜石，庫納荷拉在中世紀靠著銀礦的開採與製造錢幣成為繁榮的城市之一，也因而造就波西米亞王國的興盛，而此鎮也被稱為波西米亞王國之寶。但是庫納荷拉並未因為銀礦開採殆盡而沒落。花了500年的時間建造，在1995年被列入世界文化遺產的聖芭芭拉大教堂，可說是媲美布拉格聖維特大教堂的珍品，這座建築的雕塑藝術令人嘆為觀止。如果喜歡挑戰膽量的，也可參觀用好幾萬根人骨拼湊擺設的人骨教堂，也是重要旅遊景點之一。

# 熱門景點

### 插入天際的飛升尖塔
# 聖芭芭拉大教堂
## Chrám sv. Barbory

✉ Barborská 71, 28401, Kutná Hora
☎ 327 512 115
🕙 11～3月10:00～16:00；4～10月09:00～18:00
💲 全票60克朗，半票40克朗
🌐 www.kutnahora.cz      🗺 P.184

這座大教堂歷經朝代更迭，因而形成多樣化的建築風格，從開工到最後完工共耗費了500年的時間，也因為此處曾是銀礦的開採地，所以依照銀礦守護神聖芭芭拉的意象建造此座教堂。教堂是此時期哥德式的代表作品之一，入

教堂內部

口處的芭芭拉路上有13座聖人雕像引領大家前往聖殿。教堂內圓頂拱門與玻璃窗典雅華麗，小禮拜堂中充滿了15世紀的濕壁畫，也反映了當時的礦工情景與精神，外圍的飛扶壁與多數高聳的尖塔插入天際，不管從哪一個角度欣賞都可以呈現精緻之美。

教堂側面

183

Blízké okolí Prahy

庫納荷拉地圖

Kutná Hora město nádražní
(Kutná Hora市區火車站)

Kutná Hora Autobusové nádraží
(Kutná Hora中央巴士站)

Váňova
Tovární
U Hřiště

人骨教堂
Sedlec Kostnice

Zámecká

Starosedlecká
Benešova
Čechova
Vítězná
Palackého

Kostel Matky Boží Na Náměti

Hašplířská
Potoční
Nádražní

Uhelná

Loretská
Sedlecká
Mezibranská
Vocelova

Kruhlíčkova
Rudní
Slavíkova

Zemanova

Na Lávkách
Na Náměti
Sokolská

Československých legionářů

Klášter řádu sv. Voršily

Andělská

Havlíčská

Libušina

Brandlova

Tylova
Rohačova

U Jelena
Jungmannovo
náměstí
Za Octárnou

Kollárova
Vladislavova
Tourist information

Jiřího z Poděbrad
Na Síoně

28. října

Žižkova brána
Zahradní

Zvonařská

Morový
sloup

Palackého
náměstí
Havlíčkovo náměstí

Mači

Hradební
Kamenný dům

Šultysova
V Rutharda
Václavské náměstí
Jakubská

義大利宮
Vlašský dvůr

Novomlýnská
Pobř

Na Pavlačce

Mincířská
Vysokostelská
Ruthardská

Kostel sv. Jakuba

Česká

Hornická
Lierova
Husova

Komenského
náměstí

Pod Hrádkem

Lázeňská

Radnická

Rakova

Pivnice Dačický
石嘴泉
Kamenná kašna
銀礦博物館
Hrádek - České muzeum stříbra

Bartolomějská

Na Valech

Smíškova

Galerie Středočeského kraje

V Mišpulkách

Kouřimská

Kremnická

Kutnova

Barborská

Pod Barborou

聖芭芭拉大教堂
Chrám sv. Barbory

184

## 體驗銀礦工的工作
# 銀礦博物館
### Hrádek - České muzeum stříbra

✉ Barborská 28, 284 01, Kutná Hora
☎ 327 512 159
💲 全票120克朗，半票80克朗
🌐 www.cms-kh.cz　　MAP P.184

博物館內部

　　想體驗古時候的銀礦工人，穿梭在狹小潮濕的空間揮動尖槍採礦嗎？在此保留了原本礦工採礦的場景與歷史解說，穿著白袍加上頭盔與手電筒，一步一步往下走，如同鐘乳石岩洞的高低通道，透過導覽員的講解，是非常有趣的體驗，最後也會帶領遊客前往礦工的傳統生活環境與模擬場景，總共過程約1.5小時，是個值得前往的旅程。

地道內部情況

## 令人毛骨悚然的名稱
# 人骨教堂
### Sedlec Kostnice

✉ Zamecka 127, 284 03, Kutná Hora
☎ 326 551 049
🕐 11月～2月09:00～16:00，4月～9月08:00～18:00，10月、3月09:00～17:00
💲 全票90克朗，半票60克朗
🌐 www.ossuary.eu　　MAP P.184

　　原為修道院，當中世紀十字軍東征從耶路撒冷帶回的土壤灑在修道院的地上，讓許多人爭先恐後的想安葬在此地，這樣的人數持續增加到19世紀，由史汪森貝格家族買下此修道院，幫忙的木匠師傅將墓地的人骨雕刻成不同樣式並擺放在教堂內，就如同至今所看到的景象。雖然聽起來驚悚可怕，但是每年卻吸引20多萬人來參觀，且多部電影也在此取景。

## 實際提供古代居民飲水之用
# 石噴泉
**Kamenná kašna**

`MAP` P.184

　　與一般展現美感的噴泉不同，此處的石噴泉在古時候有實際提供居民作為蓄水與供水之用，建於15世紀外牆的哥德式風格，是出自於聖芭芭拉教堂相同的建築師Jan Sek。

---

## 波西米亞國王的銀寶庫
# 義大利宮
**Vlašský dvůr**

✉ Havlí kovo náměstí 552, 284 01, Kutná Hora
📞 327 512 873
🕐 11～2月10:00～16:00，3月、10月10:00～17:00，4～9月09:00～18:00
💲 全票100克朗，半票80克朗
🌐 www.guideskutnahora.com　　`MAP` P.184

古時法庭

　　此處建於15世紀，早期是波西米亞國王的鑄幣廠，從前此處生產了全歐洲約40%以上的錢幣。會叫義大利宮有一說法是，因為請了來自義大利的工匠來此生產銀幣而得名。參加導覽可以看到當時的庫房與過去工人工作之地，過去平均12小時可以生產約2,000個硬幣，全部手工打造。中庭可以看到凸出的禮拜堂窗戶，是後來才經過整修重建，有趣的是內部華麗的禮拜堂，當初經畫家整修的時候，畫家也將自己的肖像畫入壁畫中而引起不滿，但由於其畫風非常獨特巧妙，至今無人可以替代，所以也就成了此處一件公開的祕密。

　　除此之外，內部的國王大廳，可以看到保留到現在的原始長椅，其歷史來源是由於官員要表達不贊同的時候，就會將長椅背翻轉過來，且坐於對側，是個巧妙有趣的方式。

外觀

Blízké okolí Prahy

# 特色餐飲

## 美景美食相得益彰
# Pivnice Dačický

✉ Rakova 8, 284 01, Kutná Hora
☎ 327 512 248　　🕐 每日11:00～23:00
🌐 www.dacicky.com
🗺 P.184

　　從外牆可愛的廚具和入口，很難讓人不想要一窺究竟，此餐廳除了有自己釀造的啤酒外，極具巧思的可愛復古裝飾加上戶外花園，是個令人放鬆心情的好地方，現烤的餐點也受到許多遊客的喜愛。

## 擁有遠眺絕景的餐廳
# V Ruthardce

✉ Dačického nám. 15, Kutná Hora
☎ 607 286 298
🕐 週一～四12:00～23:00，週五～六12:00～01:00，週日12:00～23:00
🌐 www.v-ruthardce.cz　　🗺 P.184

　　離聖芭芭拉教堂不遠處，擁有絕佳的戶外風景座位可看見聖芭芭拉大教堂與戶外森林景致，加上附屬的紀念品店，是許多用餐民眾的首選地之一。

# 波西米亞
## Čechy

# 城市印象

## 捷克重要的文化資產

占據捷克三分之二的國土面積，環繞著茂密的森林，綿延的伏爾塔瓦河(Vltava)貫穿其中。歷經千年的蛻變與文化傳承，波西米亞孕育出獨樹一格的風格與傳統。北部有典雅華麗的溫泉鎮卡羅維瓦利(Karlovy Vary)，中部除了以波西米亞之心的布拉格為首外，也有黃金啤酒與商業貿易地之稱的皮爾森(Plzeň)，南部以捷克百威市(České Budějovice)作為工業發展與百威啤酒發源地，周圍矗立許多大小不等的城堡與莊園，尤其以捷克克倫洛夫(Český Krumlov)小鎮之美最讓人誤以為誤闖了愛麗絲的夢遊仙境。如今波西米亞已跳脫舊有的印象，轉化為捷克共和國傳統文化典範的驕傲，等著大家前來一窺究竟。

# Lazeňský Trojúhelník

# 溫泉金三角

**概況導覽**

整個捷克有多達30多個小鎮擁有溫泉療養所,最早從中世紀就已有記載,其中最知名的3個溫泉,剛好坐落於波西米亞西北方呈三角狀,因而稱之為溫泉金三角,它們分別是卡羅維瓦利(Karlovy Vary)、瑪莉安(Mariánské Lázně)、法蘭提雪克(Františkovy Lázně)。

比較特別的是在捷克所謂的溫泉療養是指水療與醫療保健的結合,以自然療效與醫學科技結合,達到對於預防或是慢性病治療的改善,且已有公開醫學報告指出溫泉水具有療效功能,許多酒店或是療養所都有提供長短期的療養諮詢。

捷克的溫泉水,是使用當地特有的溫泉杯(以把手上做為飲口)直接飲用替代浸泡方式,還能自由漫步在浪漫華麗的溫泉迴廊,使得許多遊客爭相前往體驗。但由於溫泉水苦澀味重,所以配上現場熱烤的甜溫泉餅一起嘗才是最正宗的溫泉水品嘗方式。需注意的是如果要參加任何療程,請事前預約。

## 分區1

# 卡羅維瓦利溫泉
## Karlovy Vary

➡ 從布拉格中央巴士站可直達，或是布拉格中央火車站前往車程約3小時，但需注意卡羅維瓦利有2個火車站，彼此相距不遠，Karlovy Vary dolní nádraží較為方便

### 捷克的魔幻的礦泉池

傳說14世紀時查理四世國王到森林打獵，當皇家獵犬追趕梅花鹿跌入一個滾燙的湧泉中，不但沒有被燙傷竟然神奇地讓傷口癒合，國王聽聞後將自己的四肢浸入湧泉內，也神奇地恢復了身體的健康，因而命名叫查理溫泉(Karlovy Vary)或Carlsbad。

整個卡羅維瓦利地處於特拉河谷中，群山環繞加上優美的環境，一直以來都是貴族名人的療養所，包括貝多芬、蕭邦、哥德等都曾經在此一嘗溫泉水的魔力。目前開放民眾飲用，12個泉口的溫度不一。除此之外每年7月的國際電影節也邀請許多國際巨星前往盛宴，吸引無數人造訪。

# 熱門景點

# Becherovka
# 冰爵酒博物館
### Muzeum J. Bechera – Becherovka

✉ T. G. Masaryka 282/57, 360 01, Karlovy Vary
📞 359 578 142
🕐 每日09:00～17:00
💲 全票120克朗，半票60克朗
➡ 從Dolní nádraží車站步行約5分鐘
🌐 www.becherovka.cz/muzeum　MAP P.192

到了卡羅維瓦利沒有嘗到冰爵酒，就像是到了皮爾森卻沒喝啤酒一樣可惜，號稱第13號溫泉口的冰爵酒，是擁有200多年歷史、銷售多個國家的高濃度苦艾酒，至今釀造祕方依然只有2個人知道。位於火車站旁的Becherovka博物館，是從以前保留到現在的

博物館外部

舊址，內部用復古的方式呈現舊時風格，銷售部則販賣許多復刻版收藏品與多種口味冰爵酒。最道地的喝法是加入通寧水和檸檬汁，調製而成的Beton飲品最受捷克人歡迎。

↓門票包含品酒

# 卡羅維瓦利溫泉地圖

Sokolovská
Nákladní
Národní Stezka
E. Krásnohorské Šmeralova Hybešova
Jasmín
U Spořitelny
Ostrovský most
Jatečni
Foersterova
Moser水晶玻璃工廠與博物館
Muzeum Moser a Návštěvnické centrum v
Karlových Varech
Karla Čapka
Koptova
Chebský most
U Solivárny
Vítězná
Drahomířino náb
Dolní nádraží
Vítězná
Západní
náměstí Republiky
Horova
1. máje
Kvapilova
Dr. Janatky
Bajerovská
Varšavská
nábřeží Jana Palacha
Ondřejská
nám. V
Řezáč
T. G. Masaryka
Zeyerova
Zbrojnická
Dr. Engla
Jaltská
Dr. Davida Bechera
Bulharská
nábřeží Osvobození
Americká
Rumunská
Dr. Moskévská
Italská
Anglická
5. května
Svahová Svahová Krále Jiřího
Beručova
Vrchlického
Švermova
I.P.Pavlova
Jiráskova
Palackého
náměstí
Božena Němcov
Becherovka
冰爵酒博物館
Havlíčkova
Lidická
Máchova
Hotel Thermal
Polská
Zahradní
Hřbitovní
Sadová kolonáda
Poděbradská
Krále Jiřího
Karla IV.
Mlýnské nábřeží
Sadová
Petra Velikého
Ondřejská
Křižíkova
Na Vyhlídce
Mlýnská kolonáda
Sovova stezka
Jubilejní stezka
Zámecký vrch
SPA III
Lázeňská
Pod Jelením skokem
Vřídelní
Karlovy Vary 纜車
Zámecká kolonáda
Tržiště
Tržní kolonáda
Stará Louka
Vřídelní kolonáda
Mariánská
Nová louka
Divadelní
Raisova
普普飯店
Grand Pupp
Mariánskolázeňská
Libušina Vyšehradská
Moravská
Petřin
Škroupova
Tylova
Hynais
Nažvy
SPA I
Nebozízek
Libušina
Zítková
Balb ínova
Pražská
Jamf
Slovenská
U Imperiálu

SPA V

Lázeňský Trojúhelník

百年精湛水晶玻璃工藝

# Moser水晶玻璃工廠與博物館
**Muzeum Moser a Návštěvnické centrum v Karlových Varech**

- ✉ Kpt. Jaroše 46/19,360 06, Karlovy Vary
- ☎ 353 416 132
- ◉ 博物館週一～日09:00～17:00；玻璃工廠週一～日09:00～14:30
- 💲 博物館全票80克朗，半票50克朗；玻璃工廠全票120克朗，半票70克朗；2廠套票同遊成人180克朗，半票100克朗
- ➡ 市公車1、2、22號Tržnice站步行約10分鐘
- 🌐 www.moser-glass.com　MAP P.192

師傅手工打造過程

擁有百年精湛工藝的摩瑟(Moser)水晶玻璃製品，一直秉

←↓工廠入口與銷售區

持著所有產品純手工雕刻和人工吹製，也因此水晶玻璃不含鉛，可散發出不同的色澤與亮度，廣受皇室貴族如英國伊莉沙白二世、西班牙王儲，還有丹麥王儲等喜愛。位於卡羅維瓦利的摩瑟博物館除了展示許多特別收藏，也開放民眾參觀玻璃廠，可實地觀賞師傅們如何吹製塑形，以及手工打造水晶玻璃，參觀完後的銷售區也販售許多特別款，有需要可請店員送至布拉格分店提取貨品。

悠久歷史的電影熱門地

# 普普飯店
**Grand Pupp**

- ✉ Mírové náměstí 316/2, 360 01, Karlovy Vary
- ☎ 353 109 111
- ➡ 市公車2號到Lázně I
- 🌐 www.pupp.cz　MAP P.192

歷史最悠久且最豪華的普普飯店，內部奢華並結合新藝術與古典主義風格裝飾，從18世紀至今吸引無數的名人與貴族前往，也是電影《007首部曲：皇家夜總會》與《終極假期》的拍攝地點。

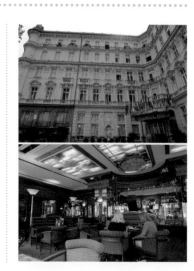

# 溫泉迴廊
## Kolonáda

`MAP` P.192

在捷克的溫泉鎮裡面，最吸睛的莫過於優美浪漫的溫泉迴廊，當手持溫泉杯漫步在迴廊內，就好像仙履奇緣的世界般優雅美麗。卡羅維瓦利有5個精緻雕刻的迴廊：

高衝力湧泉

### Vřídelní kolonáda

最知名的迴廊，由於玻璃迴廊內有一個衝力達14公尺高的間歇湧泉，溫度高且危險，所以禁止飲用，因而一旁分化了5個飲泉口讓民眾飲用，最高溫度高達72度。

分化飲泉口

### Mlýnská kolonáda

這座迴廊長達132公尺，由124根長柱共同組成，在2樓看台上有12尊雕像分別代表12個月分，此迴廊的建築師與布拉格國家劇院相同，都是J. Zitek。因原本附近有磨坊，因而又稱為磨坊溫泉。

迴廊景觀

### Sadová kolonáda

位於德弗札克公園旁，有著雪白色鏤空雕花的長廊，於1881年建造。迴廊內的蛇型飲泉口是2001年從迴廊西側建築內移出建造的，也是目前卡羅維瓦利溫度最低的溫泉，約為30度。

蛇型飲泉口

浪漫鏤空雕花迴廊

Lazeňský Trojúhelník

### 溫泉泉源的溫水游泳池

Thermal 酒店附設的露天游泳池，位在半山腰上，不僅可以一覽整個卡羅維瓦利的風景，全年溫水泳池內更標榜了三分之一來自卡羅維瓦利的礦泉，其餘三分之二來自飲用水，所以吸引許多人前往。

**Hotel Thermal**
✉ I. P. Pavlova 2001/11, 360 01, Karlovy Vary
☎ 359 001 111
➡ 市公車1、4號至Lázně III
http www.thermal.cz
MAP P.192

**溫泉迴廊**

### Tržní kolonáda

位於Vřídelní kolonáda旁的小型迴廊，據說是當時查理四世首度發現卡羅維瓦利的溫泉處，並且曾在此處治療隱疾。

新的城堡療養所

### Zámecká kolonáda

坐落於岩石上方的宮殿溫泉開發於1913年，是最晚被開發的溫泉。目前裡面也提供水療服務。

小型迴廊

### Spa療養所

卡羅維瓦利從以前保留到現在總共有6個療養所，但是由於年久失修與破壞，目前只剩3、5、6號療養所依然有在運作，1號療養所只允許入內參觀，2號與4號療養所則已消聲匿跡。

5號療養所

# 瑪莉安溫泉
## Mariánské Lázně

➡ 從布拉格或皮爾森可以搭乘直達火車到瑪莉安溫泉火車站約2.5小時,後轉乘市公車抵達市中心;或從卡羅維瓦利搭乘直達火車到瑪莉安溫泉火車站約1小時左右,後轉乘市公車抵達市中心

### 音樂溫泉的盛典

距離卡羅維瓦利不遠的瑪莉安溫泉鎮,由於觀光客不及卡羅維瓦利,但是此處卻有超過50多個冷礦泉,用於治療許多疾病,包括愛迪生,卡夫卡等名人都曾造訪此地。

整個市中心被美麗的公園所包圍,周遭還環繞著許多優美典雅的歐式酒店與療養所,漫步在此城市顯得心曠神怡。由於大部分的酒店療養設施都屬同一集團,且包含專業的療養流程,也有部分療養所還提供鹽洞的服務,公開的價格與服務可以在旅客中心詢問。

聖十字溫泉

卡羅麗娜溫泉

---

### 旅行小抄

#### 溫泉餅 Lázeňská oplatka

如果嫌溫泉水喝不下口,不如配上這個微甜而且比臉還大片的溫泉餅一同入口。幾乎所有的溫泉鎮都會販售這種溫泉餅,有現烤或是以禮盒包裝的方式呈現。最正宗也是最古老的品牌,是起源自瑪莉安溫泉的Tradiční lázeňské oplatky Kolonáda,許多人都誤以為是源自卡羅維瓦利,此品牌目前也有在布拉格卡夫卡博物館開分店,各大超市也可以買得到。

✉ Nehrova 29,Mariánské lázně
☎ 354 623 107
🕐 週一~日08:00~18:00
🌐 www.oplatky-kolonada.cz

Lazeňský Trojúhelník

# 熱門景點

## 巴洛克的長廊典範
## 溫泉迴廊
### Kolonáda

旅客中心販售特別的溫泉杯

介於兩溫泉中間的溫泉迴廊長達119公尺,建於1889年,如蕾絲般華麗典雅的鐵鑄柱列與巴洛克風格的外觀,是吸引大多數旅客目光的主因,由於過往許多迴廊被嚴重摧毀,幸運的是瑪莉安的溫泉迴廊一直保存至今且重建狀況良好。此溫泉迴廊也可以說是其他溫泉鎮迴廊的典範,內部有許多店家及旅客服務中心。

↑↗迴廊內部與漂亮的畫作

迴廊外觀

外部景觀

# 聖十字溫泉
## Křížový pramen

此溫泉是瑪莉安溫泉最早發現的溫泉口,所以內部將發現人 Dr. Joseph Johann Nehr的銅像放置在內以做紀念。此溫泉的水質具有高含量的納,所以嘗起來比較鹹,也有潤腸通便的效果,內部可以購買與寄放溫泉杯。

內部飲用處

# 卡羅麗娜溫泉
## Karolinin pramen

以8根廊柱支撐的小圓頂發現於1809年,直到1817年這個溫泉便以紀念法蘭茲國王的皇后卡羅麗娜命名,含有較高的鎂,常用於療養有泌尿系統與腎結石問題的病患。

# 魯道夫溫泉
## Rudolfův pramen

位於公園與聖母升天教堂旁的魯道夫溫泉,以仿希臘新古典藝術建築為主,莊重典雅。溫泉水含鈣與鎂,可以輔助治療骨質疏鬆症的病患。

# 音樂噴泉
## Zpívající fontána

除了溫泉迴廊外,最受大家矚目的就是這個音樂噴泉。在夏季的時候噴泉會表演不同的水舞,配合音樂旋律展現不同的樣貌。深受許多人喜愛,加上位於迴廊附近,很容易看到。

Lazeňský Trojúhelník

## 分區3

# 法蘭提雪克溫泉
### Františkovy Lázně

➡ 從布拉格中央巴士站有直達巴士約3.5小時，或從Cheb小鎮搭乘巴士或是火車前往約15分鐘

### 寧靜安詳的溫泉小鎮

有別於卡羅維瓦利與瑪莉安溫泉，法蘭提雪克溫泉鎮小而寧靜，觀光客不多，適合喜歡貼近大自然的遊客。於18世紀時奧地利國王法蘭茲一世命名，貝多芬、卡夫卡等許多名人曾在此停留，如Národní路7號的建築就曾是貝多芬居住的故居。

這裡有23個泉眼且溫度都不高，最著名的是此地的泥炭療程，堪稱全捷克最古老也最天然，喜歡泥炭浴的人一定要來此處朝聖一下，配上溫泉水，對於不孕

旅客服務中心

或是肌肉骨骼等療程有相當重要的貢獻。

位於市中心的公園內部有一尊尿尿小童的雕像，就是法蘭提雪克，據說它有神奇的力量，當地人相信只要女性碰觸此尊雕像一定會懷孕，有興趣的人可以去試試看。

求子雕像

溫泉口與市中心

199

# Plzeň

# 皮爾森

概況導覽如果你是個啤酒愛好者,相信你一定聽過皮爾森啤酒(Pilsner Urquell)。沒錯!皮爾森啤酒的發源地就是來自同名的皮爾森市,可見這個品牌是當地的傳奇與驕傲。離布拉格約90公里路程的皮爾森,自波西米亞國王瓦茨拉夫二世創立以來,一直是布拉格與邊境之間的商業樞紐,也是與德國之間的文化交流隘口,因而造就了皮爾森市的繁榮與興盛。不僅是啤酒,就連著名的Škoda汽車也是創立於此地,加上獨特的藝術歷史過往,更獲得2015年歐洲文化首都的稱號。

皮爾森地圖

聖巴特羅慕依大教堂
Kostel sv. Bartoloměje v Plzni

Sady 5. května

皮爾森釀酒廠
Trasa prohlídky Pilsner Urquell

Veleslavínova
Malá

Jízdecká
Jízdecká

alackého náměstí
Solní

Perlová

Na Parkánu

Palackého
Prušínova

Riegrova

náměstí Republiky

Pallova

Tyršova

Štruncovy sady

Sady Pětatřicátníků

Divadelní

Sedláčkova

Prešovská

Dřevěná

●山型屋美術館

Fügnerova

皮爾森啤酒博物館
Pivovarské muzeum

大猶太教堂
Velká synagoga
Husova

B. Smetany

Bezručova

Zbrojnická

U Zvonu

Pražská

Klicperova

Nádražní

●皮爾森歌劇院

Jungmannova

木偶博物館
Muzeum Loutek

Františkánská

●西波西米亞博物館

Sirková

Šumavská

Klatovská třída

Kopeckého sady

Martinská

Goethova

Anglické nábřeží

Denisovo nábřeží

Americká

Plzeň hlavní nádraží

# 熱 門 景 點

# 聖巴特羅慕依大教堂

### Kostel sv. Bartoloměje v Plzni

✉ Náměstí Republiky 234/35, 30114,Plzeň
☎ 377 223 112
🕒 週三～六10:00～16:00
➡ 從火車站約步行15分鐘，或市區輕軌至 Náměstí Republiky站
http www.katedralaplzen.org　MAP P.201

　　這座位在市中心廣場上的哥德式聖巴特羅慕依大教堂建於13世紀，費時150年才完工，也是皮爾森的特色與象徵之一，不僅僅是天主教皮爾森教區的主教堂，更是捷克所有教堂鐘塔中最高的一座，超越布拉格的聖維特大教堂，非常值得前往登塔一覽皮爾森的風景。

# 皮爾森釀酒廠
**Trasa prohlídky Pilsner Urquell**

✉ U Prazdroje 7, 304 97 Plzeň
☎ 377 062 888
🕐 4～9月08:00～18:00，10～3月08:00～17:00
💲 全票190克朗，半票100克朗
➡ 從中央車站步行約10分鐘
🌐 www.prazdrojvisit.cz
🗺 P.201

來到皮爾森，一定得親眼看看舉世聞名的酒廠釀造啤酒的技術，從入口處的石拱門，可以馬上感受到這個品牌打從中古世紀到現在的歷史傳承。經由參觀導覽，還可以喝到從橡木桶中打出、純釀未過濾純的美味皮爾森啤酒，是個難能可貴的經驗。整個博物館內展示從啤酒的釀造水質、麥芽、發酵釀造、保存等，到最後產品裝罐等一系列的過程，都有詳細的介紹與展示，不僅是品牌，也帶入了歷史的轉變過程。參觀完廠房後，也可以到酒廠餐廳享用生啤酒與其他捷克美食，這裡是以前皮爾森啤酒廠的發酵房。

# 皮爾森啤酒博物館
**Pivovarské muzeum**

✉ Veleslavínova 6, 301 14 Plze
☎ 724 618 357
🕐 4～9月10:00～18:00，10～3月10:00～17:00，1月份不開放
💲 全票90克朗，半票70克朗
➡ 從市中心Náměstí Republiky步行5分鐘
🌐 www.prazdrojvisit.cz
🗺 P.201

位於市中心的啤酒博物館，其實是建於15世紀的一個酒吧，在此你可以看到許多古老的器具與釀酒過程，從如何挑選、烘焙到製造的歷史。位在地下的酒窖、老水車，以及如同小迷宮般的地下通道，也是皮爾森保存至今，戰爭時的逃生防禦通道。

Plzeň

## 親身貼近大小木偶吧！
# 木偶博物館
**Muzeum Loutek**

✉ Náměstí Republiky 23, 301 00, Plzeň
☎ 378 370 801
🕐 週二～日10:00～18:00
💲 全票60克朗，半票30克朗
🌐 www.muzeumloutek.cz　📍 P.201

博物館外觀

木偶劇一直都是捷克的傳統之一，這個總共有3個樓層的木偶博物館收集了從19世紀以來在皮爾森 Škoda劇院的木偶，博物館內部除了有個小型劇院外，並展示木偶

博物館內部展覽

工藝，最特別的是開放民眾可以親自操作與把玩各種不同造型大小的木偶，非常有趣。喜歡Spejbl a Hurvínek木偶嗎？記得前往皮爾森的公園內尋找它的雕像吧！

孩童遊戲區

來親自操作木偶吧

## 世界第三大猶太教堂
# 大猶太教堂
**Velká synagoga**

✉ Sady pětatřicátníků 35/11, 301 24, Plzeň
☎ 377 235 749
🚈 輕軌至Hlavní pošta步行約5分鐘
🌐 www.zoplzen.cz　📍 P.201

除了啤酒之外，皮爾森有一個全世界第三大的猶太教堂，由於地緣與歷史的關係，皮爾森市充滿許多異國風情的建築，此猶太教堂就是其中之一。外觀是摩爾式的羅馬建築風格，內部富麗堂皇

的裝飾顛覆了一般人對猶太教堂的印象，教堂內有管風琴，常舉辦音樂會，喜歡的人可前往參觀。

# České Budějovice

# 捷克百威市

**概況導覽**

百威市是波西米亞的第二大城市,也如同皮爾森一樣以城市名命名啤酒,全世界知名的百威啤酒與捷克Koh-I-Noor鉛筆就是源自此處。13世紀初因介於布拉格與林滋(Linz)之間的貿易往來而漸漸繁榮昌盛,但由於過往戰爭使得部分城市付之一炬,經過重建之後又恢復其繁榮樣貌,在19世紀時因歐洲第一條馬車鐵路通道而成為貿易重要城市之一至今。

➡ 從布拉格中央火車站每日均有車次頻繁的直達火車,車程約3小時,中央巴士站每日也有巴士直達約2.5小時

捷克百威市地圖

胡魯波卡堡 **Státní zámek Hluboká**
城堡酒店 **Hotel Stekl**
(請搭乘公車約20分鐘)

Jeronýmova

Lipenská

Rudolfovská třída

Chelčického

Lannova třída

Nádražní

**Hlavní nádraží České Budějovice**

Žižkova třída

Autobusové nádraží
České Budějovice

Dvořákova

Jeronýmova

Lannova třída

Žižkova třída

Otakarova

Nová

J. S. Baara

Jirovcova

普爾米斯爾・奧托卡二世廣場
**Náměstí Přemysla Otakara II**

Senovážné
náměstí,

Na Sadech

Riegrova

Na Sadech

Hradební

黑塔
**Černá věž**

Kanovnická

Kněžská

Karla IV

Jirisková

Dukelská

**KOH-I-NOOR鉛筆店**

Na Mlýnské stoce

U Černé věže

Plachého

Hradební

Krajinská

Hroznová

Náměstí
Přemysla
Otakara II

Karla IV

Siroká

Dr. Stejskala

třída 28. října

Pražská třída

Piaristická

Česká

Radniční

Biskupská

Záłkovo nábřeží

Záłkovo nábřeží

Goethova

Panská

Mlýnská

修道院
**Dominikánský klášter**

Jar. Haška

Husova třída

Klavíkova

Resslova

Jiráskovo nábřeží

Dlouhý most

**Krajinská27餐廳 Krajinská27**
(此方向約10～15分鐘)

Minipivovar Sokolský ostrov

夏日電影
**Letní kino Háječek**

**KOH-I-NOOR 鉛筆工廠
KOH-I-NOOR HARDTMUTH**
(此方向約5分鐘)

205

# 熱門景點

# 普謝米斯爾·奧托卡二世廣場

## Náměstí Přemysla Otakara II

➡️ 從火車站往市中心步行約10分鐘
MAP P.205

進入百威市中心，很難不被這廣大的四角型的廣場所吸引，以波西米亞國王普謝米斯爾·奧托卡二世(Otakara II)之名命名，占地1公頃的廣場是歐洲最大廣場之一，也是捷克課本中不可或缺的歷史遺跡。周圍有哥德、巴洛克、文藝復興等風格的拱廊建築環繞，與坐落中央栩栩如生的參孫噴泉(Samsonova kašna)、精緻典雅的淺藍色市政

廳建築，形成極為優美的景致。曾經有個傳說，廣場上有一塊水泥地磚，是紀念在15世紀時，反抗當時政權而被處決的青年所留下來的地標，據說如果踩到這塊地磚，到晚上10點前還沒有回家的話，就會永久流浪下去。

廣場景觀

## 俏皮活潑的鉛筆百年老店

# KOH-I-NOOR鉛筆

### KOH-I-NOOR HARDTMUTH

市中心販售點

- ✉ Františka Antonína Gerstnera 21/3, České Budějovice
- ☎ 389 000 200
- ⏰ 工廠並未對外開放，如果需要的可以到市中心位於Široká 1, České Budějovice購買
- ➡ 從火車站約步行15分鐘
- http www.koh-i-noor.cz/en　　MAP P.205

　　創立於18世紀的百年文具品牌，行銷到世界各地，除了製造孩童的水彩色鉛筆與造型可愛的刺蝟擺設鉛筆外，也生產專業用的石炭與色鉛筆供應給繪圖

←工廠外部

人士，至今仍然是捷克最受歡迎的文具老牌。由於工廠坐落在捷克百威市，所以也可以看到以鉛筆造型環繞的工廠外型與大型煙囪，但請注意，工廠並沒有銷售產品，如果有需要可以到市中心位於Široká 1, České Budějovice的販售點購買。

----

## 百威廣場最佳景致塔

# 黑塔

### Černá věž

- ✉ U Černá věž, České Budějovice
- ☎ 386 352 508
- ⏰ 4～6月、9、10月10:00～18:00(週一休息)，7、8月10:00～18:00(每日)
- 💲 全票30克朗，半票20克朗
- http www.c-budejovice.cz　　MAP P.205

　　位於廣場旁約72公尺高的黑塔，是可以觀看百威市的好地方，也是舊時該市興旺的象徵。有個古老的傳說，鐘塔上平常坐著會替偷懶打鐘者打鐘的骷髏，這個家喻戶曉流傳至今的傳說主角，據說只有兒童才能看到它。在塔旁邊的教堂則是聖尼古拉教堂。

典雅夢幻的外觀

## 全捷克最華美的城堡
# 胡魯波卡堡
### Státní zámek Hluboká

📧 Bezručova 142,373 41, Hluboká nad Vltavou

📞 387 843 911

🕐 1～3月10:00～12:00、12:30～16:00(週一休息、1/1公休)；4月09:00～12:00、12:30～16:30(復活節休息)；5、6月09:00～12:00、12:30～17:00(週一休息)；7、8月09:00～12:00、12:30～17:00；9、10月09:00～12:00、12:30～17:00(週一休息)；11月10:00～12:00、12:30～16:00(週一休息)；12月10:00～12:00、12:30～16:00(會有所更動)

💲 主廳全票250克朗,半票160克朗；私人公寓全票230克朗,半票160克朗；廚房全票170克朗,半票80克朗；冬季參觀路線全票230克朗,半票160克朗；城堡塔樓全票40克朗,半票25克朗

➡️ 捷克百威市的巴士總站搭乘前往Hluboká nad Vltavou, Pod Kostelem車程約30分鐘

🌐 www.zamek-hluboka.eu

🗺️ P.205

位於百威鎮近郊的Hluboká nad Vltavou小村莊,藏著全捷克最美城堡之稱的胡魯波卡堡,目前屬

於國家遺產的一部分,坐落在小丘上如同白雪公主的童話城堡,讓人無可救藥地愛上它。

史汪森貝格家徽

從13世紀起居住過歷任皇室貴族,最後持有者為中歐貴族史汪森貝格家族,因為二戰遭到納粹迫害逃亡到美國,解放後此處由捷克政府接管維護,值得一提的是,目前捷克的外交部長、Top 9的黨主席Karel Schwarzenberg也是來自於此家族。

建築設計從一開始的哥德式到16世紀的文藝復興,再到19世紀仿英國溫莎堡改建而成。內部宮殿有140個大小功能的房間與11個塔樓,擁有來自16至18世紀琳瑯滿目的雕塑與繪畫作品,還有奢華的水晶吊燈與典雅家具,配上雕花牆壁與方格天花板都以木質雕刻為主,有機會還可以看到軍械庫與特別開放的家族公寓。

順帶一提,在入口處的門把有一隻烏鴉正在啄食土耳其人的眼珠,這是史汪森貝格家族的標幟,為了紀念當時擊退侵犯的土耳其人,藉以代表勝利與權力的象徵,城堡外部懸掛的鹿角裝飾也是家族狩獵的成果。如果想參觀整個行程約需要一天的時間。每年暑假不定期開放城堡之夜,邀請民眾夜遊胡魯波卡堡,也是另外一種體驗。

# 特 色 餐 飲

## ▌提供窯烤肉品與自釀美酒饗宴
# Minipivovar-krajinská 27餐廳

✉ Krajinská 27, České Budějovice
☎ 727 957 036
🌐 krajinska27.cz
🗺 P.205

這家設計新穎的店面，採用中庭開放採光的方式，讓用餐環境顯得更簡潔大方，同時也是一間小型的自有釀酒廠。有別於傳統釀製法，店家使用啤酒大麥芽、啤酒花和酵母，以及底部發酵，在lagering發酵室成熟後，不過濾保留天然物質。

如果喜歡吃肉的民眾，千萬不能錯過這間店，這裡提供多種肉品的各部位選擇，採用窯烤方式，將肉質鮮甜的部分逼出來，非常推薦愛吃肉的旅客來訪。如果想要吃到熱的蔬菜，也可以額外點購。

# 住 宿 推 薦

## ▌獨特的城堡住宿體驗
# Hotel Štekl v Hluboké nad Vltavou城堡酒店

✉ Bezručova 141, 373 41, Hluboká nad Vltavou
☎ 387 967 491
🌐 www.hotelstekl.cz/uvod.html
🗺 P.205

想要住在城堡內嗎？這間位在胡魯波卡城堡旁的4星級酒店，原本是胡魯波卡的行政廳，直到1989年才改為Stöckl的個人住宅，目前開放遊客居住，提供與胡魯波卡堡相同風格的城堡房間設計，有興趣的民眾可以前往參觀。

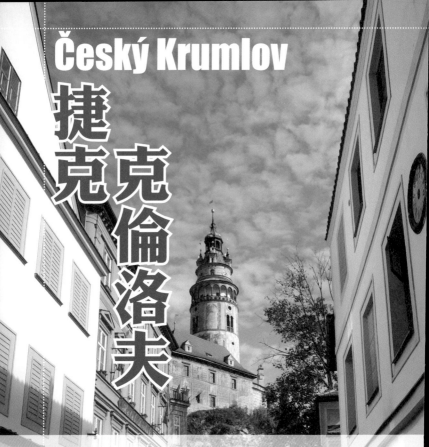

# Český Krumlov

# 捷克克倫洛夫

**概況導覽**

除了首都布拉格之外，第二個讓人流連忘返的地方，大概就屬有全歐洲最美童話般小鎮之稱的捷克克倫洛夫。不同於其他大城市，在只有幾平方公里的地方住著不到1萬5千的人口，承襲著中古世紀的懷舊風格與傳統，綿長的伏爾塔瓦河環繞著整個歷史中心形成完美的水滴形狀。這優美典雅的小鎮加上聳立的彩繪塔和城堡區讓人難以忘懷，適合輕巧漫步在這蜿蜒的石頭路上，享受著每一分每一刻的浪漫情懷，更是許多情侶蜜月的首選地。

根據記載，13世紀時由Vítek家族在此建立哥德式城堡，而後家族分封給5個兒子，也就是傳說中的5朵玫瑰花瓣分封，形成以5瓣玫瑰為標識的家徽，最後因為後繼無人，瓦茨拉夫二世將此地賜給了Rozmberk家族，進而統治此地長達300多年，也為此區注入許多哥德式的建築，之後又賣給了哈布斯王朝並贈與Eggenberg家族，此時的房舍分別改建為巴洛克風格，另外又修建了城堡歌劇院，並擴大城堡規模，但之後又因後繼無人，最後由史汪森貝格(Schwarzenbergs)家族接手，投入大筆資金維護重修，再經過納粹時期與蘇聯解放，最終收歸國有。

➡ 交通從布拉格中央巴士站可以直達捷克克倫洛夫，約3小時，如果搭乘火車則需至捷克百威市轉巴士，再往捷克克倫洛夫約3.5小時。需特別注意捷克克倫洛夫的火車站並不在市中心，距離景點有一段距離，不建議以火車方式抵達

# 熱門景點

童話般的王子公主之家

## 捷克克倫洛夫城堡區

**Státní hrad a zámek Český Krumlov**

✉ Zámek 59,381 01, Český Krumlov
☎ 380 704 721

| 時間 | 4月、10月 | 5月、9月<br>(週一公休) | 6月～8月<br>(週一公休) |
|---|---|---|---|
| 導覽<br>一 | 09:00<br>～<br>17:00 | 09:00<br>～<br>17:00 | 09:00<br>～<br>18:00 |
| 導覽<br>二 | 09:00<br>～<br>17:00<br>(10月只有週末) | 09:00<br>～<br>17:00 | 09:00<br>～<br>18:00 |
| 城堡<br>劇院 | 5月～10月10:00、11:00、13:00、14:00、15:00 | | |
| 城堡<br>花園 | 4月、10月08:00～17:00，5月、9月09:00～19:00 | | |

💲 導覽一：全票250克朗、半票160克朗、家庭票600克朗；導覽二：全票240克朗、半票140克朗、家庭票500克朗；城堡劇院：全票300克朗、半票200克朗、家庭票740克朗
🌐 www.zamek-ceskykrumlov.eu
🗺 P.212

坐落在小山丘上方廣大的城堡區，是全捷克第二大的組合城堡區域(第一大為布拉格城堡)，展現了14～19世紀的各式建築風格，並且是世界最珍貴的遺產之一。整塊岩石地區聳立著大大小小40多座特色建築，從入口處的彩繪塔為起點，經過5個環繞的中庭院，最後終結於西南方的城堡花園，每年的巴洛克城堡音樂季，以及巴洛克式舞會晚宴最受人歡迎，加上夏天的玫瑰花瓣節吸引無數觀光客前往參觀，是個名符其實的觀光小鎮，卻又不失傳統純樸的風格。

# 彩繪塔

MAP P.212 　Zámecká věž

Beránek宮廷師傅製作裝飾。整個塔基座始於13世紀，經過不同世紀的改造增加樓面，塔頂懸掛著4座敲鐘，最重達1,800公斤重，其餘的洋琴敲鐘懸掛在塔樓已有400年之久，最後於1919年開始加上頂部的鐘錶盤，此處也是遊客的最愛之一，登上塔樓後可以遠眺捷克克倫洛夫的美景。

高達56公尺的彩繪塔無疑是此處最具代表性的建築，塔內是哥德式風格，但外部卻是以文藝復興風格建造，塔面上的立體彩繪藝術，是由16世紀Bartoloměj

## 捷克克倫洛夫地圖

火車站(往此方向走約2公里)
Vlakové nádraží Český Krumlov

Špičák

Chvalšinská

捷克克倫洛夫城堡區
Zámek Český Krumlov

V Jámě

Latrán

鹿花園
Jelení zahrada

彩繪塔Zámecká věž
第一、二中庭I. II. nádvoří

Pivovarská

巴洛克城堡劇院
Zámecké barokní divadlo

Krčma
Markéta

騎士之家
Malba rožmberského
jezdce na průčelí domu

愛格堡啤酒廠
Eggenberg

Na Dlouhé

第三、四中庭
III, IV nádvoří

Klášterní

Latrán

Plášťový most

Nové město

Náplavka

Obížďková

Na Ostrově

城堡花園
Zámecká zahrada

Rybářská

Dlouhá

Na Ostrově

懷舊店家博物館Muzeum obchodu
Lazebnicky Most

捷克隕石博物館
Muzeum vltavínů

巴士站
Autobusové nádra
Český Krumlov

K Zámecké zahradě

Široká

Soukenická

Radniční

Panská

Masná

Parkán

義大利庭院之屋
Vlašský dvůr

Náměstí
Svornosti
廣場

Horní

玫瑰酒店Hotel Růže

Kaplická

Kájovská

Krčma v Šatlavské餐廳

施瓦柏日格之家
Švamberský dům

Hradební

聖維特教堂
kostel svatého Víta

Roosevellova

格啟努之家
Krčínův dům

Krčma v Šatlavské

Nová

Důlní

Nad Schody

Linecká

Horská

## 城堡區　自古以來的熊之守衛
# 第一、二中庭
**MAP** P.212　**I. II. nádvoří**

從紅門連接到城堡正門的第一與第二中庭，是舊時的家畜與農牧存放地，也是舊時的鑄銀場，目前為旅客服務中心。值得一提的是連接第一中庭與第二中庭間的壕溝，飼養著2隻可愛的黑熊，這是從16世紀開始的傳統，相傳Rožmberk家族與義大利的奧西尼家族為親屬關係，又由於義大利文「熊」字的發音與奧西尼相近，所以以飼養熊來維持此關係。

第一、二中庭

## 城堡區　百年屹立不搖的露天斗篷橋
# 第三、四中庭
**MAP** P.212　**III.IV nádvoří**

通過朝上斜坡的拱形走廊後會抵達第三中庭，此處也是參觀導覽的入場地，外部仍然保有16世紀的文藝復興風格與五彩的拉毛粉飾壁面，下方地窖是整座3層宮殿的地基，由大量石柱與拱門組成，值得一提是從第四中庭通往外面的露天拱橋被稱為斗篷橋，建於17～18世紀，這種挑高跨越深谷的設計，是用人工銜接，一直連結到第五中庭的巴洛克劇院。

通往第五中庭之露天拱橋被稱為斗篷橋

↑↗第三與第四中庭

213

**城堡區** 世界保存最完好的巴洛克劇院

# 巴洛克城堡劇院

**MAP** P.212　**Zámecké barokní divadlo**

　　城堡區中最有價值的區域之一應該非此巴洛克劇院莫屬，到目前為止，該劇院仍然保有18世紀的原貌，且沒有經過任何整修與改建，同時還保留著完整收藏的舞臺布景，與成百上千的服裝與道具，完美的自動變換舞臺背景畫面，且珍藏2,400多捲歌劇腳本，加上動人的舞臺音效，能與此處媲美的，全世界應該只剩瑞典的多特寧霍姆皇家劇院。

巴洛克劇院特別開放表演

**城堡區** 特製旋轉露天看台

# 城堡花園

**MAP** P.212　**Zámecká zahrada**

　　占地11公頃的城堡花園兼具巴洛克與洛可可風格，花園內有一座海王星瀑布噴泉，雕刻著神話與寓言典故，往後走到盡頭是最具盛名的旋轉露天看台，最早建於1958年，提供60個觀眾座位。內部以40個隱藏士兵旋轉此看台，經改造後目前可以容納658人且為機械式自動運轉，非常奇特。

露天表演的旋轉看台

花園景觀

唯美浪漫的傳統巷弄與特色建築

# 捷克克倫洛夫歷史中心
## Historie města Český Krumlov

---

**歷史中心** 色彩簡潔獨特的豪華之屋

## 義大利庭院之屋
### Vlašský dvůr

✉ Dlouhá 32, 381 01, Český Krumlov　MAP P.212

　這是鎮中心最大也最豪華的建築之一，其房屋3面分別面對3條不同街道，文藝復興式的牆面與閣樓式的山牆，哥德式的門面也相當引人注目，目前為一家餐廳所營運。

---

**歷史中心** 緬懷中古世紀騎士風範

## 騎士之家
### Malba rožmberského jezdce na průčelí domu

✉ Latrán 39, 381 01, Český Krumlov　MAP P.212

　外觀採文藝復興的格紋裝飾外，中間繪畫的騎士也是其特色之一，目前為販售紀念品店家。

---

**歷史中心** 壁畫中的可愛小馬圖

## 施瓦柏日格之家
### Švamberský dům

✉ Soukenická 35, 381 01, Český Krumlov　MAP P.212

　目前是一間酒店與餐廳，重新翻修的屋面上我們可以看到15世紀的壁畫，裡面依稀可以看到小馬在搖籃裡的可愛情景。

---

**歷史中心** 豐富壁畫之家

## 格啟努之家
### Krčínův dům

✉ Kájovská 54, 381 01, Český Krumlov　MAP P.212

　目前為一間4星酒店，始於16世紀的文藝復興風格，其壁畫非常珍貴且充滿多樣化的主題，吸引眾人的注目。

## 歷史中心 穿梭時空回到懷念過往

**獨家推薦**

# 懷舊店家博物館
### Muzeum obchodu

✉ Radníčni 29, 381 01, Český Krumlov  MAP P.212

　　喜歡懷舊風格的民眾千萬不要錯過這個店家博物館，裡面收藏許多古老歐洲店家的收銀機、咖啡機和許多店家招牌，非常的溫馨，讓許多歐洲人都跌入兒時的回憶。博物館室可以免費進入，店家也販售許多相關懷舊產品吸引人購買，老闆穿著復古且知識淵博，若想知道任何捷克老商家回憶可以詢問老闆。

## 歷史中心 充滿神奇能量的礦物!?

**獨家推薦**

# 捷克隕石博物館
### Muzeum vltavínů

✉ Panská 19, 381 01, Český Krumlov
☎ 734 174 130　🕐 週一~日10:00~18:00
🌐 www.vltaviny.cz/cz　MAP P.212

　　捷克特有的捷克隕石博物館就在克倫洛夫小鎮，隕石在1,500多年前形成，最後撞到地球表面散落在南波西米亞，因而在此開設博物館。想知道捷克隕石的行經路徑、由來與形成，或是想購買捷克隕石，都可以來此一遊，博物館內設有互動新穎的設計，記得前往參觀。

図片提供—捷克隕石博物館

---

**Český Krumlov**

### 捷克克倫洛夫之酒

# 愛格堡啤酒廠
### Eggenberg

✉ Latrán 27, 381 01, Český Krumlov
☎ 380 711 426　💲 50~150克朗
🌐 www.eggenberg.cz　MAP P.212

　　捷克啤酒聞名世界，到了捷克克倫洛夫，當然別忘了品嘗誕生

於當地、始於1560年的愛格堡啤酒廠。啤酒廠是由當時統治捷克克倫洛夫的奧地利

Eggenberg家族命名，廠內的啤酒花園可以追溯到16世紀，現今多半提供給新人舉行婚禮或是其他活動用途。啤酒廠每日11點都有導覽參觀開放，想要知道如何製造、罐裝、糖化發酵的過程，不妨前往一遊，之後也可在啤酒廠旁的餐廳再次品嘗這啤酒的美味。

# 特色餐飲

## 傳統窯甕現場製作
## Krčma Markéta

✉ Zámecká zahrada 62, Český Krumlov
📞 739 270 479　🕐 週二～日11:30～21:30
🌐 www.krcma-marketa.cz　🗺 P.212

　　這間位在城堡花園內的餐廳，服務生穿著傳統的波西米亞服飾，以友善的服務態度招待每一位來此用餐的客人。採用木頭燒烤的傳統窯甕現場製作餐點，非常的美味可口，多汁的肉類料理價格低廉，加上內部漂亮浪漫的壁畫風格與小花園，非常受到旅客喜愛，晚餐時間一位難求。

## 物美價廉洞穴窯烤
## Krčma v Šatlavské

✉ Horní 157, Český Krumlov
📞 380 713 344　🕐 每日11:00～00:00
🌐 www.satlava.cz/page.php
🗺 P.212

　　受到亞洲觀光客大推的洞穴型窯烤餐廳，由於價格實惠且分量大，提供傳統捷克菜並現場製作。復古漂亮的環境有著小鎮風味，其中重達1公斤的烤豬腳，廚師將豬腳半煮熟後再放入傳統的窯甕現場烘烤，受到大家歡迎，但由於觀光客太多必須提前預約座位。

# 住宿推薦

## 體驗中古世紀奢華酒店風
## Hotel Růže
## 玫瑰酒店

✉ Horní 154, Český Krumlov　📞 380 772 100
🌐 www.janhotels.cz　🗺 P.212

　　來到捷克克倫洛夫如果想要體驗奢華的中古世紀風格酒店，可別忘了這個從16世紀原由耶穌會宿舍重新改建而成的5星級酒店。此酒店充滿溫馨浪漫的風格，且時常

會有穿著中古世紀服飾的工作人員或是中古世紀晚餐呈現，部分時候甚至開放為演奏會場地。

# Holašovice

荷拉休維采

概況導覽　這個坐落於捷克百威市(České Budějovice)旁的小村莊，有什麼魅力可以列入世界文化遺產之中呢？或許聽起來不可思議，但是此村莊是歐洲少數僅存保留最完好、且持續呈現傳統的生活方式。這個小村莊發現於西元800年，但是真正開始發展是從13世紀起，從古至今依然保存著數量相同的建築，包含了17棟五顏六色的房子、馬廄、鐵匠鋪，2個小餐館與1個小教堂。大多數的居民依然居住在此，且依傳統方式過生活。

站在小鎮的中央，就可以將此處環繞的所有房屋一覽無遺。此地的建築風格屬於19世紀，村民想擁有自己特色的房屋，所以用簡單大方的色彩與雕刻呈現所謂的鄉村巴洛克風格。目前幾乎所有的房子都標示著建造年代，外牆裝飾表現出濃濃的南波西米亞風格。小村莊每年的7月都會舉行盛大的波西米亞鄉村市集活動，展出許多捷克手工藝產品與小吃，熱鬧非凡。手工陶藝品是此處的特色，除此之外也會有特別的復古接駁車從捷克百威市出發，具有濃厚的懷舊氣息。但需注意如果非活動季來，接駁班車數量稀少，請提前規畫往返時間。

# 熱門景點

集聚神奇能量之傳說

## 荷拉休維采的巨石鎮

### Holašovické Stonehenge

✉ Jankov, Holašovice 38,373 84 Dubné

位於小鎮旁的小山丘，有著由柱狀巨石所組成的圈狀排列，據說這些巨石擁有強大的能量，有些通靈人士選擇此地的靈氣與磁場，加上巨石後組成能量圈。但因此地並非公有，所以進入需要付費，入內後有需遵守的規則，必須閱讀說明書再進入巨石鎮。基本上一次只能一個人進入巨石鎮，在進入前請先從入口告知巨石們你的名字與請求，再進入中央巨石。進入後背靠中央巨石放鬆約1～2分鐘，巨石會將你的能量全部吸走，而後走到中央巨石背後，一樣背靠巨石1～2分鐘，它將會再補充給你完整的活力與能量。到目前為止許多人仍然堅信此能量，如果有興趣的人可以嘗試看看。

# Litomyšl

# 利托米什爾

利托米什爾創於西元981年，原為山丘堡壘，也是中世紀連接波西米亞與摩拉維亞的重要路線，到了13世紀被波西米亞國王授予主教區，直到胡斯叛亂時期聖母教堂被燒毀為止。接下來又成為神聖兄弟會的庇護所，到了1547年Postupice上議院失去控制撤離後，開始興建大型文藝復興宮殿，此城堡是義大利G. B. Aostalli和U. Aostalli的作品，且於1999年被列入世界文化遺產。

這小鎮是我最喜歡的捷克小鎮之一，不僅充滿文藝復興的音樂氣息，還是兼具現代化的歷史名城，新舊建築融合得完美無缺。這裡也是許多音樂名人的出生地，最有名的就是捷克音樂之父史邁坦納，每年夏天的史邁坦納利托米什爾音樂季，都是在宮殿內的開放庭院舉行。城堡、修道院與花園，以及色彩繽紛的廣場，空氣中散發清幽的氣息，不時都會聽到優美的音樂，腳步隨著音樂節奏，整個人都放鬆自在了起來，這裡可以一次滿足聽覺與視覺享受。

# 熱門景點

↑城堡外牆　→↘城堡內部大廳室

## 體驗文藝復興的浪漫
# 利托米什爾城堡
### Zámek Litomyšl

✉ Jiráskova 93, 570 01, Litomyšl
📞 461 615 067
🕐 4月週末與國定假日10:00～16:00；5月週二～日10:00～16:00；6、9月週二～日10:00～17:00；7、8月週二～日10:00～18:00；10月週末與國定假日10:00～16:00
💲 全票190克朗，半票100克朗
http www.zamek-litomysl.cz

　　此城堡可以說是文藝復興時期的傑作之一，由鮮豔繽紛的拉毛粉飾結合特殊的斯葛雷非多技法裝飾，內部優美鏤空的拱廊加上浪漫的花園與地窖，進入城堡內參

史邁坦納音樂季之盛況與表演

觀，可以感受它曾經擁有的富貴與奢華。城堡大廳中華麗的吊燈，曾作為道具出現在奧斯卡獲獎影片《阿瑪迪斯》裡。其次是城堡內的劇院，是伯爵家族們專屬的生活享受，到目前仍然保留著簡單的舞臺機械更換裝飾，是少數歐洲僅存的歷史劇院之一。向下走進入城堡酒窖，那裡可見各種特色的雕塑，它們均出自20世紀捷克著名的雕塑家奧伯拉姆·祖貝克之手。

221

## 全捷克最長的廣場
# 史邁坦納廣場
### Smetanovo náměstí

　　此廣場是捷克最長的廣場，總長約495公尺，是市中心的所在地。兩旁佇立著色彩繽紛的小房子不輸特奇小鎮，尤其是結合巴洛克式的建築與文藝復興的壁畫更顯特別。

廣場一端設有史邁坦納雕像以表尊敬與仰慕之意

## 豐富色彩的彩繪屋
# 波爾特莫涅姆博物館

### Portmoneum -Museum Josefa Váchala

✉ T. Novákové 75, 570 01, Litomyšl
☎ 734 541 323
🕒 4月週六～日09:00～12:00、13:00～17:00；5～9月週二～日09:00～12:00、13:00～17:00；10月週六～日09:00～12:00、13:00～17:00
💲 全票60克朗，半票40克朗
🌐 www.litomysl.cz

　　這個外觀不起眼的博物館，其實是捷克有名的藝術家Josef Váchal的彩繪屋，他將其屋子與家具當作是他的彩繪殿堂，從天花板到地板都畫上他獨有的風格與藝術，由於內部之前保存不善，後期花了許多時間重新揣摩與修復才是今天看到的模樣，但可惜的是內部不能照相。

## 音樂的沉澱洗禮
# 修道院花園
### Klášterní zahrady

✉ Klášterní zahrady 570 01, Litomyšl
🕒 4～10月08:00～22:00；11～3月09:00～19:00

　　整個修道院花園是這城市的另外一個吸睛地，首先映入眼簾的是一個音樂噴泉，泉水與古典音樂的交融，配上花園中20世紀捷克知名雕塑家Olbrama Zoubka的5件雕塑作品，成為一個沉澱心靈的好地方。相傳摸一下花園中的青銅石魚可以帶來好運，實現所許的願望。

還原出生地場景

## 音樂大師的生涯初始
# 史邁坦納出生地
### Rodiště Bedřicha Smetany

✉ Jiráskova 9, 570 01, Litomyšl
☎ 461 615 287
🕐 週二～日 09:00～12:00、13:00～17:00
http www.rml.cz/cs/index.php

　　在城堡對面的小房子，是偉大的音樂家史邁坦納的出生地(誕生於1824年)，原址為城堡的啤酒廠，史邁坦納是父母的第11個孩子，也是唯一的男孩，當時他父親無比的高興，因而將啤酒桶滾到庭院裡與大家一起分享這個喜悅。

出生地的外觀

　　目前為史邁坦納博物館，在博物館中可以看到史邁坦納的手稿與照片等回憶錄，配上播放的音樂，讓人感覺能更接近他。晚年史邁坦納受到失聰的影響精力交瘁，但依然不減他對音樂的熱情與執著，花了5年的時間創作愛國曲目《我的祖國》，這也是每年布拉格之春音樂季的開幕曲，至今依舊吸引許多人士前往欣賞。

# 住宿推薦

### ▌小巧整潔的住宿選擇
# YMCA會館與訓練中心

✉ Jiráskova 133, Záhradí, 570 01, Litomyšl
☎ 461 611 051
http www.esclitomysl.cz

　　這個結合現代簡約與明亮風格新開幕的YMCA歐洲訓練中心，是宮殿的一部分，不僅提供會議地也提供住宿，再加上旅客中心就跟YMCA的入住櫃台在一起，是旅人方便且省錢的好選擇。

波西米亞——利托米什爾

史邁坦納廣場・波爾特莫涅姆博物館・修道院花園・史邁坦納出生地・住宿推薦

# 摩拉維亞
# Morava

# 城市印象

保存最完好的傳統捷克風俗民情

雖然不像波西米亞那樣出名，但是這裡保有的文化資產更勝波
西米亞，其中列入世界文化遺產的數目也比波西米亞多。在
此處誕生了許多名人與重要創作，其中像是米蘭昆德拉(Milan
Kundera)、慕夏等都是來自摩拉維亞，世界知名的遺傳學家孟德
爾，他的遺傳學碗豆實驗也是在摩拉維亞進行。

以布爾諾(Brno)為首府的摩拉維亞，其境內由於土壤肥沃，所以
出產的葡萄酒、農產品非常受到捷克人的喜愛，尤其許多傳統工
藝慶典與飛鷹表演等，至今仍然在摩拉維亞區保存良好，甚至被
列入世界文化遺產非物質遺產類，再加上許多天然景觀，個人非
常推薦花點時間好好前往體會。

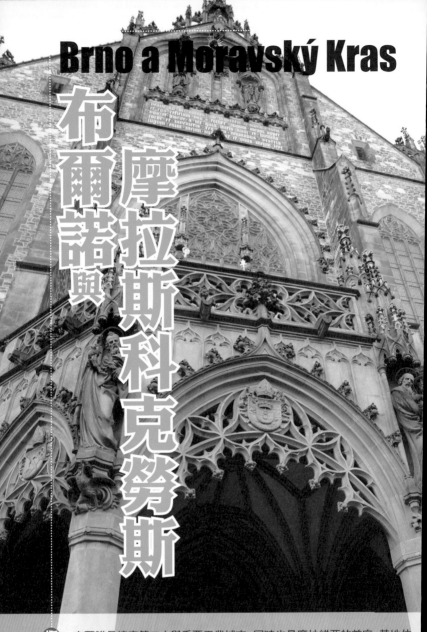

# Brno a Moravský Kras

布爾諾與摩拉斯科克勞斯

概況導覽

布爾諾是捷克第二大與重要工業城市,同時也是摩拉維亞的首府,其地位就如同布拉格之於波西米亞般重要,到現在依然是通往斯洛伐克、奧地利等地點的重要轉運站。許多捷克的歷史名人與重要傳統遺跡、列入世界文化遺產的圖根哈特別墅(Villa Tugendhat)都來自布爾諾。

有別於布拉格歷史名城特色,布爾諾有許多結合現代化的建築與傳統古蹟,為整個城市添加了一分清新活力。而離布爾諾不遠的摩拉斯科克勞斯鐘乳石洞,也是許多遊客可以當天來回,合併一起遊玩的好去處!

布爾諾地圖

## 熱門景點

結合傳統與現代的活力

# 布爾諾
## Brno

➡ 從布拉格可以前往中央車站搭乘火車，或是中央巴士站搭乘巴士直達布爾諾，班次多且便捷，車程約3小時

布爾諾 彎曲的聖人柱與鱷魚的鬥爭

# 舊市政廳
## Stará radnice

✉ Radnická 8, 658 78, Brno
☎ 542 427 150
🕐 4～9月09:30～18:00
💲 全票50克朗，半票25克朗
🌐 ticbrno.cz/cs/stara-radnice
MAP P.227

彎曲的聖人柱是舊市政廳給人的第一印象，原因來自於16世紀議會拒絕支付建築款項，建築師為了報復，將象徵司法的雕像弄彎以表達不滿。進入市政廳內可看到懸掛著一隻鱷魚雕像，相傳古時鱷魚侵入布爾諾造成居民死傷，為了解決此問題，以懸賞感謝捕捉鱷魚的人，在此作為歷史見證。

227

**布爾諾** 巨大飛船承載歡笑夢想

独家推薦

# 木偶劇院與博物館

## Muzeum loutek Divadla Radost v Brně

- ✉ Cejl 29/76, 602 00, Brno
- ☎ 545 321 273
- ⓧ 週日～五08:00～18:00，週三09:00～18:00
- 💲 博物館成人70克朗，孩童30克朗；週日特別演出110克朗
- http muzeum-loutek.cz　MAP P.227

　　這個隱藏在市中心的巨型飛船，是來自1949年建造的木偶劇院Divadlo Radost，擁有許多木偶與舞台劇相關道具品，目前也會定期展出許多深受小朋友喜愛的木偶劇。

---

**布爾諾** 把布爾諾全景收入眼簾

# 聖彼德保羅大教堂

## Katedrála svatého Petra a Pavla

- ✉ Petrov 9,602 00, Brno　☎ 543 235 031
- ⓧ 週一～六08:15～18:30，週日07:00～18:30
- http www.katedrala-petrov.cz/index.php/cz
- MAP P.227

　　聳立在山上的哥德式尖塔，可以俯視整個布爾諾的全景。歷史最早可追溯到11世紀，但到了17世紀，因戰爭使得教堂付之一炬，如今看到的為重建後的模樣。教堂內部的彩繪玻璃、每天中午11點敲12下的鐘樓，以及其內的管風琴都是參觀的重點。

渾然天成鐘乳石之最

# 摩拉斯科克勞斯
## Moravský kras

✉ Skalní mlýn 65, 678 25, Blansko
☎ 516 413 575
➡ 從布爾諾搭乘火車前往Blansko，而後搭乘接駁車直達Moravský kras旅客服務中心
🌐 www.moravskykras.net/en/moravian-karst.html

摩拉斯科克勞斯是世界上知名且重要的石灰岩區，距離布爾諾搭乘火車約半小時，此處也是捷克重要的文化古蹟區，其中60%的石灰岩區都被森林區覆蓋，總共多達1,000多個鐘乳石洞穴，目前參觀人數最多的為Punkevní jeskyně，因為其深度達138公尺，

遊客到後面可乘坐渡船探索深達30公里的隧道，探勘不同層面與形貌的鐘乳石柱，是前往摩拉維亞不可錯過的必遊景點。除此之外也可以搭乘纜車前往山頂欣賞優美的風景與自然景觀。但值得注意的是由於接駁公車班次不多，且部分月分沒有開放，需要前往的民眾最好事先查詢相關班次，遇到旺季最好提前預約參觀。

（側欄）

摩拉維亞——布爾諾與摩拉斯科克勞斯

木偶劇院與博物館・聖彼德堡羅大教堂・摩拉斯科克勞斯

（獨家推薦）

# Telč
# 特奇

**概況導覽** 位於波西米亞與摩拉維亞交界的特奇,整體面積雖不大,但是宛如詩畫般的夢幻景致令觀光客流連忘返,在1992年列入世界文化遺產當中,由於距離奧地利只有30公里不到,在1945年前居民是以德語為第一外語。在14世紀時由於原本建造的木房舍被大火摧毀後,便以石頭改建為哥德式風格,雖16世紀因火災再度面臨重建,但後期結合巴洛克、文藝復興等風格,至今仍然完整地保留下來,成為現今讓人覺得有如掉入童話故事般的夢幻小屋。

➡ 從布拉格、布爾諾有直達巴士前往,如果搭乘火車,多半需在Jihlava, aut.nádr等地轉車

## 熱門景點

### 有如童話糖果屋的世界
# 薩哈利亞修廣場
**Námĕstí Zachariáše z Hradce**

MAP P.231

廣場是特奇市中心的地標，也是觀光客最愛的地點，綿長的廣場兩側佇立著色彩繽紛的房子，就像是走入糖果屋的世界。

↑圓拱形屋頂商家　　　↓廣場景致

↑↗其他特色小房子

No.61號

No.57號

每幢小房子屋頂山型牆的高度都代表了這家主人的財富和社會地位,但仔細觀察,小房子的山型牆面充滿著不同的裝飾藝術與建築風格,但大多數實際的房屋高度與它們裝飾華美的山牆高度相差甚遠。每戶屋子入口處都在拱型迴廊內以鋼架支撐店家招牌與廣告,形成一個特殊的商店街文化。

### No.61號

在廣場上最華麗的建築非這棟小房子莫屬。最早是一位麵包師傅Michal買下,後來麵包師傅變成市議員後,此處也變成官邸,到了1555年重新整修之後,以灰白

相間的壁雕,刻劃舊約故事,吸引多人的喜愛。

### No.57號

粉紅色的外牆就像是少女們夢想的房子,帶有文藝復興的華麗風外加立體面的巴洛克簡約特色,特別是牆面上的聖女雕像,受到許多注目。

市政廳

Telč

捷克電視劇的熱門地

# 特奇城堡

**Zámek Telč**

✉ Náměstí Zachariáše z Hradce 1, 588 56, Telč
☎ 567 243 943
💲 全票210克朗，半票170克朗
🌐 www.zamek-telc.eu
🗺 P.231

捷克著名的貴族商人Zachariáš公爵是對特奇全面發展有相當貢獻的重要人物之一，他修建池塘、改變城市風貌，並將原本簡單的哥德式城堡改成華麗的文藝復興風格，成為捷克最有價值的文藝復興建築之一，他與其妻子則安眠於城堡區入口的禮拜堂內。此城堡有不計其數的捷克電視劇與電影都在此拍攝，入內參觀時還可以看到劇組的照片與服飾。

城堡改建者是義大利的建築家巴爾達塞爾，此城堡最獨特之處在於保留最原始的架構與完整的粉飾繪畫，其中金色大廳的天花板木雕格子最吸引人注目，武士廳則展出許多盔甲武器。城堡內部則有一個帶拱廊的文藝復興式花園，建於16世紀後半期，其中位於捷克克倫洛夫城堡的五瓣葉玫瑰花家族的分支圖創作，也是在此城堡內展出。

# 聖靈教堂
**Kostel svatého Ducha**

☎ 567 112 407
🕐 週二～日10:00～12:00、13:00～17:00
💲 全票15克朗，半票10克朗
🌐 www.mesto-telc.cz/sakralni-stavby.php
🗺 P.231

特奇最古老的建築就是這座高50公尺的聖靈教堂，是13世紀後羅馬時期的教堂，攀爬到頂端可以將廣場的美景盡收眼底。

# 史代普尼茲與烏利茲湖畔
**Štěpnický rybník a Ulický rybník**

🗺 P.231

整個特奇被2個池塘湖畔所圍繞，在這2區的池塘如遇天氣好時，可以透過湖面看到美麗的城堡倒影，非常悠閒愜意，如果走累了，坐在長椅上一面欣賞著湖光景致，讓人瞬間心靈沉澱下來，是不可錯過的景點之一。

Telč

# 特色餐飲

## 遠眺廣場美景搭配傳統美食

# Restaurace U Zachariáše

✉ Náměstí Zachariáše z Hradce 33, Telč
☎ 567 243 672
🌐 www.uzachariase.cz
📍 P.231

　　這間餐廳是相當受當地人歡迎的餐廳，以傳統的捷克菜為主，好吃且不油膩重鹹，尤其是烤雞肉，內包入菠菜，再配上一杯啤酒，非常順口。春夏時可以坐在戶外欣賞整個廣場的美景，內部以非常簡單的家庭擺設配上大型懸吊玩偶，非常逗趣。

## 傳統捷克佳餚配蜂蜜蛋糕

# Švejk restaurant

✉ Náměstí Zachariáše z Hradce 1, 588 56 Telč
☎ 567 213 151
🌐 www.svejk-telc.cz
📍 P.231

　　連鎖的老兵餐廳，就位於廣場尾端接近城堡轉彎處，傳統的捷克佳餚與蜂蜜蛋糕，也是非常受到遊客的喜愛。

# 住宿推薦

## 一起入住小房子內吧！

# Hotel Celerin

✉ Náměstí Zachariáše z Hradce 43, 588 56 Telč
☎ 567 243 477
🌐 www.hotelcelerin.cz
📍 P.231

　　這間位於廣場前端的酒店，如果可以預約到面向廣場的房間，便能將整個廣場一覽無遺。親切和藹的櫃台服務員提供許多服務資訊，價格合理，非常適合想要待在

特奇一晚的民眾，值得注意的是也可以在紀念品店買到此飯店的小房子模型，當作是個入住紀念。

# Kroměříž

# 克羅梅日什

**概況導覽**

花都是對這小鎮最好的形容詞，這個小鎮的紀錄始於13世紀，當時作為奧洛穆茨的主教城市，在此興建夏宮以作為權勢與財富的象徵，此地的大主教宮殿與花園在1998年被列入世界文化遺產，連著名的奧斯卡得獎電影《阿瑪迪斯》都是在此拍攝。小鎮中心與景點都很集中方便，尤其是喜歡花園景觀的大家一定不可錯過的一個旅遊勝地。

➡ 從布拉格中央巴士站搭乘巴士前往布爾諾或奧洛穆茨(Olomouc)轉車，車程約3.5小時

# 熱門景點

威尼斯畫家香堤的真跡收藏

## 大主教宮殿

**Arcibiskupský zámek**

- ✉ Sněmovní náměstí 1, 767 01 Kroměříž
- ☎ 573 502 011
- 🕐 4月09:00～16:00(只開放週末)；5、6、9月
  09:00～17:00；7、8月09:00～18:00；10月
  09:00～16:00(只開放週末)
- 💲 Via Unesco全票180克朗，Via Residentia全
  票160克朗，Via Arcadia全票190克朗，Via
  Artis全票120克朗
- 🌐 www.zamek-kromeriz.cz

作為奧洛穆茨的主教宮，原為文藝復興式的建築，但由於1752年的大火破壞，重建之後改為巴洛克式風格。進入宮殿內，映入眼簾最令人讚嘆的部分首推獵物標本室，以及宮殿內最大且最華麗的宴客慶典廳，還有全捷克最珍貴且藏書最多的老圖書館，都是不可以錯過的一部分。在大主教宮殿的別墅內，有一間知名的收藏畫廊，內部收藏15～18世紀列支敦士登查爾斯二世的收藏，其中最著名的是威尼斯畫家香堤的畫作。如果有時間也別忘了登上大主教宮殿的塔樓，可以觀看小鎮全景。

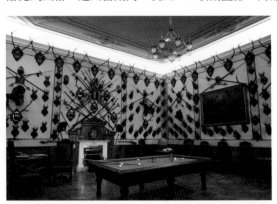

# 百花花園
## Květná zahrada

✉ Generála Svobody, 767 01 Kroměříž
📞 23 962 891
💲 全票70克朗，半票60克朗
🌐 www.zamek-kromeriz.cz/gardens/contact-info

　　走進克羅梅日什的百花花園，就像進入了大型的迷宮陣裡，花卉與灌木叢修剪整齊，呈現完美對稱的設計真是令人欽佩，這是17世紀義大利建築師Giovanni Pietr Tencally所設計，可謂花園設計的先驅。一旁長達244公尺的長柱廊，可以登上看臺一覽整個花園的全景，景觀可媲美法國的凡爾賽宮花園。正中央八角圓拱狀的石砌教堂也是不可錯過的特點，內部精緻的壁畫與雕刻，加上規律擺動的鐘擺隨時間刻畫出規則的曲線，更令人覺得驚奇。

## 暢享芬多精的洗禮
# 宮殿花園
**Podzámecká zahrada**

✉ Sněmovní náměstí 1, 767 01 Kroměříž
☎ 778 434 758
http www.zamek-kromeriz.cz/gardens/contact-info

除了不可錯過的克羅梅日什百花花園外，大主教宮殿內的花園也是不可錯過的一部分。占地64公頃，內部有許多放養的孔雀與小動物，美麗的湖泊與樹林依附在宮殿後方，就

像是進入龍貓的小叢林般放鬆愜意。如果時間不夠，也可以搭乘花園小型遊覽車瀏覽這片花園。

# 特色餐飲

## ▌品味當地生產啤酒與自製佳餚
# Černý orel
# 黑鷹啤酒館

✉ Velké náměstí 24/9, 767 01 Kroměříž
☎ 573 332 765
http www.cerny-orel.eu

這間位於市中心廣場上，建築擁有270年歷史的酒店餐廳，最吸睛的是當地生產的新鮮黑鷹啤酒，配上自製的黑鷹雞排與里肌肉，深受當地居民的喜愛，加上有許多傳統摩拉維亞的料理，所以用餐時間一位難求，喜歡的人可以試試看8度的半黑啤酒。

### 旅行小抄

#### 克羅梅日什住宿須知

克羅梅日什並非是個度假小鎮，所以除了高級酒店之外可以看到許多捷克傳統的「Pension」飯店，此種旅店常在小鎮出現，代表是家庭經營或是規模不大的飯店，有時候甚至是民宿，主要依規模來區分。想要體驗捷克風情但是預算有限的民眾可以參考看看。

**Hotel U Zlatého kohouta**
✉ Velké náměstí 21, 767 01 Kroměříž
☎ 571 891 488
http www.uzlatehokohouta.cz

**Hotel La Fresca**
✉ Velké náměstí 109/55,767 01 Kroměříž
☎ 573 335 404
http www.lafresca.cz/hotel.html

# Lednice - Valtice a jejich okolí

# 瓦爾季采與周邊 雷德尼采–

概況導覽

占地283平方公里、橫跨雷德尼采–瓦爾季采兩個區域，於1996年列入世界文化遺產。在18世紀末期，當時的列支敦士登家族，要在雷德尼采–瓦爾季采建造一個獨一無二的花園景觀區，花了1世紀的時間修建完成，金色的陽光灑在這片葡萄園上，伴著濃郁的翠綠森林，加上夏日一望無際的向日葵園，以及湖畔盪漾著倒影漣漪，優美的環境穿梭於兩個區域連綿的歷史古蹟之間，就像天空之城般美不勝收。由於兩個區域間地勢平坦，且距離不遠，非常適合騎自行車走訪每一個區域，也絕對是各年齡層度假的首選地，因而被喻為歐洲最美的花園之一，由於鄰近奧地利的邊境，所以如果需要前往奧地利的民眾也別忘記前往參觀此處。

➡ 從布拉格目前只能搭乘火車前往Lednice和Vlatice，需在Břeclav轉車，車程約4小時

雷德尼采 - 瓦爾季采地圖

尖塔
Minaret
Zámecký rybník
Janův hrad
雷德尼采城堡
Zámek Lednice
Lov. zámeček
**Lednice**
Rybniční zámeček
Hraniční zámeček
阿波羅神殿
Apollónův chrám
Stará Břeclav
新庭院Nový dvůr
U Tří Grácií
聖胡伯特禮拜堂
Kaple svatého Huberta
**Břeclav,**
Česká republika
Boří les
黛安娜拱門
Rendez-vous
Belveder
瓦爾季采城堡
Zámek Valtice
**Valtice**
St.Boří les
Boří Dvůr

## 雷德尼采 - 瓦爾季采建議行程表

經典單車路線(單趟約17.5公里,單車出租6小時約250克朗)

雷德尼采城堡 → 尖塔 → 阿波羅神殿 → 新庭院

瓦爾季采城堡 ← 黛安娜拱門 ← 聖胡伯特禮拜堂

# 雷德尼采城堡
## Zámek Lednice

✉ Zámek 1, 691 44 Lednice
☎ 519 340 128
💲 導覽一與二全票各200克朗，半票各150克朗；
　導覽三全票200克朗，半票150克朗；導覽一
　加二全票360克朗，半票150克朗
http www.zamek-lednice.com
MAP P.241

　如同童話般的雄偉白色城堡，是16世紀時列支敦士登家族所建造，文藝復興風格的城堡取代了中世紀的水上城堡，到了17世紀末又重新以巴洛克風格修建，並邀請建築師Johann Bernard Fischer von Erlach在城堡內興建大型的騎馬大廳，以及廣大的後花園。但

在18世紀末，城堡又除去部分的巴洛克風格，直到19世紀時的Prince Alois II王子決定

以英國哥德式風格作為此城堡的精神，同時把1樓改成招待歐洲貴族的奢華宴會廳，並配以細膩的木雕天花板與家具，一直保存至今。其中最令人瞠目結舌的是位於1樓的精緻木雕螺旋樓梯，花了7年的時間打造，直至今日仍無人可超越此精湛工藝。整座城堡與花園由於占地廣大，需要半天的時間參觀，湖上也有提供遊船等服務。

Lednice - Valtice a jejich okolí

### 雷德尼采宮殿　輕騎走訪名家藝術
# 阿波羅神殿
MAP P.241　**Apollonův Chrám**

於18世紀初建造，中央穹頂的浮雕顯示了宙斯伴隨阿波羅由4匹馬拖行的遊行。浮雕和雕像是雕塑家Josef Kliebera的作品。

### 雷德尼采宮殿　登高遠眺城堡美景
# 尖塔
MAP P.241　**Minaret**

1802年由建築師Josef Hardmuth打造，總共使用500根木樁打造基底，尖塔高度為59.39公尺，總共有302階梯，登塔後可以看到雷德尼采城堡與森林河景。

### 雷德尼采宮殿　三角造型典雅馬房
# 新庭院
MAP P.241　**Nový Dvůr**

也是建築師Josef Hardmuth所建造，完工於1810年，整個庭院建築由三側翼(經濟、馬廄糧食、工作人員住所)環繞，如今為提供繁殖與騎馬相關產業與休閒住宿。

### 雷德尼采宮殿　區域間的三角中心
# 聖胡伯特禮拜堂
MAP P.241　**Kaple svatého Huberta**

位在3個區的三角平面中心的聖胡伯特禮拜堂是於1855年由Jan Heidrich建造，這個禮拜堂也是Lednice-Valtice中最新的羅曼蒂克主義建築。

### 雷德尼采宮殿　仿羅馬式凱旋拱門
# 戴安娜拱門
MAP P.241　**Dianin chrám**

又稱為Rendez-vous，是以新古典主義方式打造而成，建築師為Josef Kornhäusel，採用仿羅馬式的凱旋門，內部總共有4個樓層，建築上的浮雕像為希臘神話的戴安娜女神(月亮女神)。

# 特色餐飲

## 名廚讚賞的現做料理

### Restaurace U Tlustých

✉ Pekařská 88 ,691 44 Lednice
☎ 606 571 362
🌐 www.restauraceutlustych.cz

　　這間漂亮優雅的餐廳，提供現場製作的新鮮捷克料理，得到捷克知名廚師Zdeněk Pohlreich的讚賞，整間餐廳寬廣且區分不同氛圍，多汁美味的烤肉料理與傳統捷克佳餚，非常受到當地人喜愛，前往此處觀光的遊客請務必來此品嘗價錢合理的美食。

# 住宿推薦

**My Hotel**
✉ 21. dubna 657, 691 44 Lednice
☎ 519 340 130
🌐 myhotel.cz

**Hotel Princ**
✉ 21. dubna 717, 691 44 Lednice
☎ 775 877 778
🌐 www.hotel-princ.cz

知 識 充 電 站

## 世界非物質文化遺產
## ——馴鷹

捷克除了12個世界文化遺產之外，另外還有4個非物質文化遺產，其中之一為摩拉維亞非常有名的馴鷹活動，在此也有機會看到全捷克最大的馴鷹表演。

My Hotel

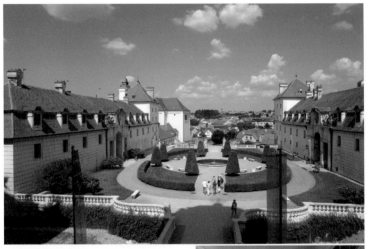

可體驗住宿的華美宮殿

# 瓦爾季采城堡

## Zámek Valtice

✉ Zámek 1, 691 42, Valtice
📞 519 352 423
🕐 4、10月09:00～12:00、12:30～16:00；5～9月09:00～12:00、12:30～17:00；6～8月09:00～12:00、13:00～18:00；每週一公休
💲 依照不同路線全票100～200克朗(詳情請洽官網)
http www.zamek-valtice.cz
MAP P.241

或許外表沒有雷德尼采城堡來的耀眼,但是內部的收藏絲毫不遜色。一樣是歷經多次修繕、結合許多風格的城堡,並擁有占地

14.6公頃的花園,最後的版本是在1730年,由建築師D. Martinelliho和Johanna Bernharda Fischera完成的作品,總共分為3層,有4個側翼,分別是馬廄、騎術學校、畫廊與洛可可風格劇院。城堡內的餐廳是最華麗閃耀的一部分,不可錯過。目前此城堡部分作為旅館,想要體驗住在城堡的感覺可以來試試看呦!

## 在開放式花園放鬆享受

# Restaurace Albero-Zahrádka

✉ Nám. Svobody 12, 691 42, Valtice
☎ 519 352 615
http www.alberovaltice.cz

這間餐廳提供腳踏車停車格與兒童玩樂區，非常的友善，提供的摩拉維亞捷克菜便宜好吃，且開放式的花園內部裝潢非常用心，值得推薦。

---

### 旅行小抄

## 雷德尼采 – 瓦爾季采住宿須知

由於雷德尼采與瓦爾季采區域很近，同樣都是度假勝地。雷德尼采區有許多度假型高級飯店就在景點區附近，適合作為全家大小想放鬆出遊的選擇；如果預算不高的民眾可以計畫住在瓦爾季采區，因為是小鎮與景點中心，選擇性較雷德尼采廣泛。

**Hotel Salety**
✉ Zámecká 239, 691 42, Valtice
☎ 519 430 333
http www.hotelsalety.cz

**Penzion U Vlků**
✉ Láze ská 285, 691 42, Valtice
☎ 519 352 193
http www.penzionuvlku.cz

## 分區3

### 葡萄酒的盛產地
# 茲諾伊莫
## Znojmo

➡️ 從布拉格需至布爾諾轉車前往，車程約4小時

🌐 www.znojmocity.cz/cz、
www.znojemskabeseda.cz/podzemi

　　茲諾伊莫擁有豐沃的土壤與優質水質，是全捷克最佳葡萄酒的產地，每年都吸引許多觀光客前

市中心

往品嘗，獲得了極高的評價。除此之外茲諾伊莫擁有於中世紀挖掘、長27公里的地道貫穿全鎮，最早預備作為糧食儲藏庫，後來則當作居民的藏身處。想要體驗各種不同難度的地道，最好提前預約。茲諾伊莫也擁有一個古老的城堡，並殘留著珍貴的濕壁畫，堡塔也可以觀看山河與對岸的聖尼可拉斯教堂，景致唯美。

從城堡區俯瞰風景

## 分區4

### 走入格林童話的幻想
# 米庫洛夫
## Mikulov

➡️ 從布拉格需先至布爾諾然後轉搭巴士前往Mikulov車程約4小時

🌐 www.mikulov.cz/cz

　　搭車前往米庫洛夫，遠遠就可看到高聳在岩石上的城堡，讓我有置身在童話故事的錯覺。小鎮廣場上充滿色彩繽紛的房子，尤

市中心風光

全歐洲第二大酒桶

其是騎士之屋不可錯過。

　　擁有巴洛克式風格的城堡與義式花園讓人掉入格林童話的幻想，特別是在城堡內展示豐富藏書的圖書館與全歐洲第二大的葡萄酒桶，更奠定了此地百年葡萄酒釀造的首席地位，想要觀看全景的民眾可以攀爬到Svatý kopeček觀賞。

# TRAVEL INFORMATION
## 實用資訊

遊客在行程上所需要的所有資訊盡皆囊括其中,讓您的行程規畫得更為完整,確保旅遊的平安與舒適。

## 捷克旅遊黃頁簿
Travel in Czech

**【前往與抵達】** (P.248)
* 簽證
* 航空
* 入境審查

**【機場與交通】** (P.249)
* 機場交通方式
* 火車
* 火車類別
* 巴士
* 租車

**【消費與購物】** (P.251)
* 貨幣
* 換匯
* 信用卡
* 退稅
* 折扣季
* 小費

**【觀光客服務台】** (P.252)
* 資訊中心
* 歌劇音樂劇訂票服務

**【日常生活資訊】** (P.252)
* 電信服務
* 由捷克撥打回台灣
* 時差
* 緊急號碼
* 郵寄
* 無線網路區域
* 藥局
* 電壓規格
* 治安
* 廁所
* 習俗禁忌

# 前往與抵達
# DEPARTURE & ARRIVAL

## 簽證

　　自2011年1月11日起,持有效護照並帶有國民身分證號之中華民國公民,即可免申請簽證前往歐洲申根國,但需注意6個月內最多停留90天,且需備妥下方文件,以便入境可能詢查使用。

### 需備文件(英文)
1. 中華民國護照,離境時至少有效期6個月以上
2. 住宿證明或是相關居留、邀請紀錄
3. 旅遊行程表與來回機票證明
4. 財力證明
5. 旅遊醫療保險

### 詳細情況可洽詢
**駐捷克台北經濟文化辦事處**

✉ Evropska 2590/33C, 160 00 Praha 6
🌐 www.roc-taiwan.org/CZ/mp.asp?mp=146
🕐 週一~五09:30~11:30,13:30~16:30
📞 外館聯絡電話+420 233 320 606
📞 外館緊急聯絡電話+420 603 166 707

## 航空

　　臺灣目前並沒有班機直飛布拉格,均需從其他國家轉機,但中華航空與捷克航空聯營共用班號(經法蘭克福或維也納轉機),是最快抵達捷克的方式。亦或是搭乘阿聯酋航空(經杜拜)或大韓航空(經首爾)、土耳其航空(經伊斯坦堡)、荷蘭航空(經阿姆斯特丹)抵達布拉格。

## 入境審查

旅客如果從非申根國入境(如已轉機申根國，需由第一個入境申根國查驗)，需要通過海關查驗，需持上述需備文件與有效護照，填妥入境申請卡，交由海關查驗。

如有攜帶需要申報之現金或是物品，也需通報海關。除了入境查驗之外，提取行李後，會由海關隨機抽查行李，以防止攜帶危險與禁止物品入境。

# 機場與交通
## TRANSPORTATION

## 機場

捷克總共有6個國際機場，位於首都布拉格的瓦茨拉夫哈維爾機場(Letiště Václava Havla Praha)是主要旅客起降地，值得一提的是在2012年時為了紀念已故捷克前總統瓦茨拉夫·哈維爾，才除去舊名(Letiště Praha-Ruzyně)改為現

在的名稱。而此機場分別在2005年及2007年被Skytrax評選為中東歐最佳機場。

http www.prg.aero/en

## 機場交通方式

**機場到市中心接駁方式(2015年4月6日啓用)**

| |
|---|
| 巴士119號抵達地鐵A線Nádraží Veleslavín(15分鐘) |
| 巴士100號抵達地鐵B線Zličín(16分鐘) |
| 巴士191號會停靠地鐵A線Petřiny(25分鐘)與地鐵B線Anděl(48分鐘) |
| 機場市中心快捷巴士(需額外購票60捷克克朗)、巴士AE號直接抵達布拉格中央車站(Hlavní nádraží) |

http 詳細班車資訊www.dpp.cz

布拉格機場直達卡羅維瓦利(Karlovy Vary)－捷克巴士公司Student Agency每天均有從機場直達卡羅維瓦利的巴士。

布拉格地鐵

## 火車

捷克大小城市都有火車站且通往其他歐洲國家也非常方便，但是速度較巴士慢、票價貴，不過風景優美且座位空間較大。全境以布拉格中央車站為主，波西米亞以皮爾森、捷克百威市當作轉乘站；摩拉維亞則以布爾諾、Jihlava、Ostrava、Olomouc當作轉運站。

## 火車類別

OS為區間車，行駛距離較短，通常停靠所有站。

R為國內快速列車，主要行駛捷克境內重要車站，沒有餐車但擁有小點心推車。

IC、EC為跨國與國內長途線，只停靠重要車站，且速度較快，類似臺灣的自強號。

EuroNight是跨國境夜車，含臥鋪與座位。

除了布拉格有地鐵之外，捷克其他城鎮還是以輕軌電車(Tram)或是巴士(Autobus)為主。

http www.cd.cz/default.htm

## 巴士

捷克境內巴士非常方便，通往各地城市與跨越其他歐洲城市，優點為快速方便、價格低，缺點是座位小且較無優美景致，適合時間緊湊的旅客。

STUDENT AGENCY(境內與跨國)
http www.studentagency.cz
Euro Lines (跨國) http www.eurolines.com/en
AMSBus(境內) http offices.svt.cz

## 租車

在捷克駕駛與臺灣雷同，需要事前在臺灣申請國際駕照與護照來租用汽車，多數為手排車，請提前預約以確保有需要的型號，但請注意報價是否有包含保險與甲地租乙地還車的服務、加油類型，還車時需確保加滿油，捷克加油站均為自助式，駕駛人須自行加油，加完油後再前往收銀處付帳。

在高速公路駕車，需先購買汽車通行券，並黏貼於車子擋風玻璃右下方，否則將遭罰款。效期1年通行券為1,500克朗、1個月券為440克朗、10天券為310克朗，各加油站或郵局均有售。

以下為歐洲著名租車公司：

EUROPCAR http www.europcar.cz
HERTZ http www.hertz.cz
SIXT http www.sixt.com
AVIS http www.avis.cz

# 消費與購物
## SHOPPING

## 貨幣

捷克雖然已加入歐盟國，但是目前仍然使用捷克克朗，部分商家接受歐元消費，不過匯率並沒有使用克朗來得划算。在捷克沒有分角面額的貨幣，但價格上仍然採四捨五入法。目前面額為5000克朗、2000克朗、1000克朗、500克朗、200克朗、100克朗；硬幣面額有50克朗、20克朗、10克朗、5克朗、2克朗、1克朗。

2000克朗紙鈔　1000克朗紙鈔

500克朗紙鈔　200克朗紙鈔

100克朗紙鈔　50克朗硬幣

20克朗硬幣　10克朗硬幣　5克朗硬幣

2克朗硬幣　1克朗硬幣

## 換匯

由於目前臺灣無法直接兌換捷克克朗，最便捷的方式是持歐元到當地換取捷克克朗，或是使用臺灣的銀行卡開通跨國提款，在當地ATM機提領現金。請注意部分換匯地區有高額手續費，所以換錢之前請先向店家詢問清楚費率，當場點清所有金額再離開櫃臺，否則這類金額問題事後難以追回。

布拉格有2間價錢公道的換匯處，切勿在路上與來路不明人士換錢。

EXCHANGE s.r.o http www.exchange.cz
Praha Exchange http www.prahaexchange.cz

## 信用卡

信用卡消費在捷克各大超市百貨非常普及，唯獨市集攤販和少部分店家無法使用信用卡，但使用信用卡可能產生跨國刷卡手續等費用。

## 退稅

來自非歐盟國家，且不是歐盟長期與永久居留者，可在捷克境內貼有退稅標誌的店家，同天同一店家內消費滿2,000克朗，即可申請退稅服務，但是必須在3個月內離境，離境時交給海關退稅櫃臺蓋章並檢查所購物品，即可當場退還現金或是退還到信用卡內。以下為捷克兩大退稅公司：

Global Blue http www.globalblue.cn
Tax Free http premiertaxfree.com/zh/index.php/tourist

## 折扣季

1月、7月是捷克每年冬夏的大折扣季，在此時購買衣物配件非常划算。除此之外，聖誕節前也有少部分的折扣。

## 小費

捷克境內的餐館，價格大多不包含服務費用，通常客人會湊齊整數或是支付大約10%的服務費用。

## 觀光客服務台
### TRAVEL INFORMATION

### 資訊中心

在機場捷克幾乎所有的大小城鎮都有i的旅客服務中心,在內可以諮詢許多當地的服務,並索取地圖。捷克旅遊局(www.czechtourism.com/home)為捷克官方觀光機構,在境內與世界各地皆有辦公室,提供全捷克旅遊相關資訊與服務。

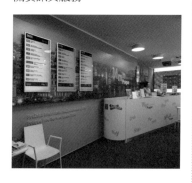

### 歌劇音樂劇訂票服務

大部分的音樂劇與歌劇都可以在劇院官網訂購,如果是教堂等小型音樂會,可以直接到教堂購買。

國家劇院 http www.narodni-divadlo.cz
捷克愛樂官網 http www.ceskafilharmonie.cz
捷克大部分音樂劇與活動購票網 http www.ticketpro.cz

## 日常生活資訊
### BEING THERE

### 電信服務

捷克境內有三大電信公司:O2、T-Mobile、Vodafone,都有提供購買易付卡的服務,依照旅客需求有不同的方案,通常來說Vodafone的費率對旅客最為方便優惠。如果使用臺灣手機號碼,請開通漫遊,而且需要支付漫遊費用。

### 由捷克撥打回臺灣

市內電話00886加上區碼(去0)加上電話號碼

手機電話00886加上手機號碼(但需去除開頭的0)

Vodafone http www.vodafone.cz/en
T-Mobile http www.t-mobile.cz/osobni
O2 http www.o2.cz/osobni

### 時差

夏令時間:自3月最後一個週日至10月最後一個週六止,較國內慢6小時。

冬令時間:自10月最後一個週日至翌年3月最後一個週六止,較國內時間慢7小時。

### 緊急號碼

消防隊150
救護車155
城市警察156
國家警察158
歐盟統一緊急呼叫電話112

## 郵寄

寄回臺灣的明信片為30克朗，郵票可以在各地郵局購買，路上的橘色郵筒，分為捷克境內(左邊)、捷克境外(右邊)分別投遞，中央總局位於布拉格市中心，每日營業凌晨02:00～凌晨00:00。其餘包裹費用請參考 📧 www.ceskaposta.cz/index

## 無線網路區域

捷克在大城市中的無線網路非常普及，幾乎所有官方旅客中心、大型購物商場、機場、星巴克、KFC、麥當勞都有無線網路可以使用。通常咖啡廳店家也都有提供無線網路。

## 藥局

捷克的藥局名稱為Lékárna，醫院為Nemocnice，布拉格市中心有幾處24小時營業的藥局與急診，請參考：www.praha.eu/jnp/en/first_aid/emergency_pharmacies_24_hour_pharmacies.html

## 電壓規格

220伏特，50 Hz，插頭為歐洲雙圓柱型插頭。

## 治安

捷克治安大致上與其他歐洲城市相仿，良好且安定，但在觀光景點難免有扒手，仍要留意，貴重物品請放置在安全地方，提包現金請留意。換匯請至安全且有信用的店家，切勿向來路不明的陌生人兌換金錢。如果不幸護照遺失，煩請第一時間向當地警察局報案，並索取報案證明文件，憑此文件向駐捷克代表處申請補發臨時護照，為了以防萬一，出發前請隨身攜帶2～3張護照用大頭照，以備不時之需。

## 廁所

在歐盟大部分的國家上廁所都需要額外付費，但是通常餐廳店家會提供免費的廁所給消費顧客。在捷克廁所的價格約為5～10克朗，如果想尋找免費的廁所可以到大型的購物中心，或是連鎖速食店尋找。

## 習俗禁忌

捷克人非常重視禮讓行為，在大眾交通工具上都會先禮讓老弱婦孺乘坐博愛座。

捷克人對噪音的忍耐度很低，在大眾場合或是晚上10點過後請保持低聲交談，禁止喧鬧。

吃飯禮儀，習慣先點飲品再點主食，後上甜點。

如果有機會前往捷克人家作客，鮮花、酒類、糕點都是不錯的伴手禮。

復活節傳統除了彩繪蛋外，男生會拿起藤鞭打女生，象徵打走壞運祈求健康平安順心；聖誕節會吃炸鯉魚與馬鈴薯沙拉，以及傳統甜點；新年的第一天會吃扁豆來祈求順心發財。

個 人 旅 行 *107*

# 捷克‧布拉格(附波西米亞、摩拉維亞19個城鎮)

| | |
|---|---|
| 文字‧攝影 | 張雯惠 Christy |

| | |
|---|---|
| 總 編 輯 | 張芳玲 |
| 書系企劃 | taiya旅遊研究室 |
| 書系管理 | 張焙宜 |
| 主責編輯 | 張焙宜 |
| 特約編輯 | 洪育奇 |
| 封面設計 | 何仙玲 |
| 美術設計 | 何仙玲、林惠群 |
| 地圖繪製 | 余淑眞 |

**太雅出版社**
TEL:(02)2882-0755　FAX:(02)2882-1500
E-mail:taiya@morningstar.com.tw
**郵政信箱:**台北市郵政53-1291號信箱
**太雅網址:** http://taiya.morningstar.com.tw
**購書網址:** http://www.morningstar.com.tw
**讀者專線:** (04)2359-5819 分機230

| 出 版 者 | 太雅出版有限公司 |
|---|---|
| | 台北市11167劍潭路13號2樓 |
| | 行政院新聞局局版台業字第五〇〇四號 |

| | |
|---|---|
| 法律顧問 | 陳思成律師 |

| | |
|---|---|
| 印　　刷 | 上好印刷股份有限公司　TEL:(04)2315-0280 |
| 裝　　訂 | 東宏製本有限公司　TEL:(04)2452-2977 |

| | |
|---|---|
| 初　　版 | 西元2015年05月10日 |
| 定　　價 | 399元 |

(本書如有破損或缺頁,退換書請寄至:台中市工業30路1號 太雅出版倉儲部收

ISBN 978-986-336-071-1
Published by TAIYA Publishing Co.,Ltd.
Printed in Taiwan

國家圖書館出版品預行編目資料

```
捷克‧布拉格:附波西米亞、摩拉維亞19個城鎮 /
Christy 張雯惠作.攝影. -- 初版. -- 臺北市:太雅, 2015.05
       面;   公分. -- (個人旅行;107)
       ISBN 978-986-336-071-1(平裝)

            1.自助旅行     2.捷克

       744.39              104003264
```